Terapia del color

Nina Ashby

Terapia del color

Guía práctica para conectar con el poder curativo y transformador de los colores

KEPLER

Argentina – Chile – Colombia – España
Estados Unidos – México – Perú – Uruguay

Título original: *Color Therapy*
Editor original: Hampton Roads Publishing Company, Inc., Virginia, EE UU
Traducción: Rosa Arruti

1.ª edición Junio 2019

Copyright © 2006, 2018 by Nina Ashby
Published by arrangement with Hampton Roads Publishing Company Inc.
All Rights Reserved
© 2019 de la traducción *by* Rosa Arruti
© 2019 *by* Ediciones Urano, S.A.U.
Plaza de los Reyes Magos, 8, piso 1.º C y D – 28007 Madrid
www.edicioneskepler.com

ISBN: 978-84-16344-39-0
E-ISBN: 978-84-17780-15-9
Depósito legal: B-13.649-2019

Fotocomposición: Ediciones Urano, S.A.U.

Impreso por Liberdúplex, S.L. – Ctra. BV 2249 Km 7,4
Polígono Industrial Torrentfondo – 08791 Sant Llorenç d'Hortons (Barcelona)

Impreso en España – *Printed in Spain*

Índice

Introducción:

Nuestra experiencia con el color

Lo que experimentamos como color es la interacción entre luz y oscuridad. En términos espirituales, la «Luz» fue el primer acto de la Creación y el inicio de la separación entre las cosas no manifiestas y las que se hacían realidad. Nos «dan a luz» cuando venimos al mundo, y la Luz del Espíritu nos acoge cuando morimos.

La experiencia del color es una constante en la vida de la mayoría de personas, incluso de las que nacen ciegas o han perdido la vista. El color está presente a nuestro alrededor desde que despertamos hasta que nos acostamos, tanto en la naturaleza y en los edificios donde vivimos o trabajamos como en la ropa que vestimos. Cuando cerramos los ojos y vemos imágenes interiores, la energía de los colores que percibimos, como todo tipo de energía, tiene un efecto sobre nosotros.

Somos seres de luz. Algunas partes de nuestro campo energético sutil (o aura) almacenan información en forma de color, apreciable extrasensorialmente como campos de color que fluctúan con los cambios en nuestro estado físico, mental, emocional y espiritual. Por el modo en que nos afecta, el color siempre ha tenido importancia en las actividades espirituales, videntes y esotéricas.

Sabes de colores más de lo que piensas. Tu mente inconsciente ya está informada y selecciona los colores que expresan algo sobre ti y sobre tu estado interior. Por ejemplo, seguro que en muchas ocasiones has sacado una camisa del cajón, y tras ponértela has pensado «¡Hoy no tengo el día para este color!», cambiándola a continuación por otra de diferente tono.

Tal vez no hayas llegado a analizar el motivo, pero por instinto sabías que ese otro color era el adecuado porque te «sentías mejor» con él.

Si aplicas a cada aspecto de tu vida este conocimiento sobre los efectos del color, te otorgas el poder para:

- Escoger qué colores vestir en cualquier ocasión y saber lo que expresan sobre ti.

- Saber qué colores emplear para decorar tu entorno y lograr un efecto concreto.

- Comprender a los demás mediante los colores que deciden vestir.

- Mejorar tu salud mediante la aplicación de luces coloreadas, la atención al color y las propiedades nutritivas de los alimentos, así como el uso del color en la meditación.

- Conectar más con el lado sutil de la vida y de tu espiritualidad.

- Apreciar el amplio espectro que la vida ofrece.

1

El espectro visible

Los distintos usos tanto del color como de su simbolismo son amplísimos. Por tal motivo he tratado cada color de manera particular, ofreciendo una visión general de sus características físicas, emocionales y mentales y de su significado, así como la aplicación en dieta, en decoración y en moda.

Resulta difícil describir un color, pues todos lo percibimos de una manera ligeramente diferente. Son innumerables las ocasiones en que no he estado de acuerdo con alguien acerca del color que vestía. Por consiguiente, resulta práctico describir los colores haciendo referencia al mundo vivo, por ejemplo, amarillo girasol, azul nomeolvides, azul cielo, naranja calabaza, rojo coche de bomberos, y así sucesivamente.

Confío en que estas descripciones te inspiren y te hagan pensar y reconocer cuánto entiendes ya de la naturaleza de cada color. Aparte de ayudarte a comprender mejor el mundo cromático, te facilitarán un resumen que podrás consultar en el futuro.

Lo esencial de los colores

Los colores no son ni buenos ni malos. Cada uno tiene sus propiedades particulares que hacen referencia a estados físicos, afectivos, mentales y espirituales. Los colores pueden ser estimulantes o deprimentes, constructivos o destructivos, atractivos o repelentes. Nos afectan más en profundidad de lo que nos percatamos, un factor que se hace patente en el lenguaje utilizado para describir sensaciones, emociones y situaciones.

El color contiene información. Por ejemplo, la secuencia de colores rojo-amarillo-verde está tan arraigada en nuestra cultura actual que su uso siempre se interpreta como alto-espera-adelante. Los mapas siguen esquemas cromáticos para su interpretación y comprensión. El color se emplea para atraer la atención hacia información importante. Nos ayuda a diferenciar y recordar datos o detalles, como por ejemplo el uso de códigos cromáticos en el cableado y tuberías de uso industrial, y también a definir la identidad, como en el caso de banderas y uniformes.

Pautas para entender los significados del color

Hay colores cálidos, como el rojo, el amarillo y el naranja. Hay colores fríos, como el azul, el verde y el violeta. Los colores vivos o los contrastes muy marcados atraen la atención más rápidamente, son más perceptibles que los pasteles o colores uniformes. También definen los estados de ánimo.

Los colores indican estados de energía, y pueden ser activos y extrovertidos o receptivos e introvertidos. Por ejemplo, los colores vivos, sean primarios o secundarios, se perciben como extrovertidos y activos. El rojo coche de bomberos o el amarillo girasol serían dos ejemplos. Todos elegimos y usamos los colores que consideramos apropiados para cada función. ¡Imagínate la sala de un tribunal decorada con rayas de colores!

Aplica las siguientes pautas:

- En una combinación de colores, percibimos el más dominante como el más influyente. Por ejemplo, en el naranja rojizo, el rojo primario es el que domina el significado de la mezcla.

- Al añadir blanco o negro a un color vivo, se diluye progresivamente ese color hasta que el blanco o el negro lo absorben por completo, cambiando por consiguiente el significado del color.

- Si se añade blanco a un color vivo, su impacto psicológico se vuelve más inocente, etéreo o insípido.

- Si se añade negro a un color vivo, su impacto psicológico se vuelve más primario, tosco y contenido.

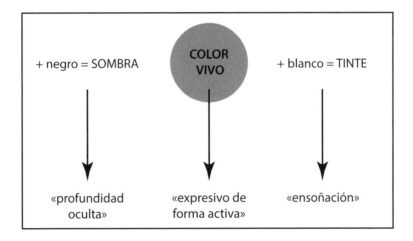

Por ejemplo: rojo

Rojo intenso: rojo coche de bomberos.

Significado: extroversión, energía, dinamismo, actitud que busca captar la atención, agresividad.

Sombra: Rojo + Negro = Rojo marroquí.

Significado: conservadurismo, masculinidad, atractivo sexual, energía física contenida.

Tinte: Rojo + (un poco de) Blanco = Rosa chillón.

Significado: bondad, cualidad adolescente, reafirmación personal, diversión llena de energía.

Tinte: Rojo + (mucho) Blanco = Rosa pálido.

Significado: bondad, dulzura, suavidad, vulnerabilidad.

Emplees como emplees los colores, el efecto y el mensaje que transmiten son los mismos tanto si los aplicas en decoración como en moda, publicidad, análisis energético o sanación.

En cuanto empieces a considerar más a fondo el color, podrás aplicar tu conocimiento en cada parcela de la vida.

En el capítulo 17, «Teoría del color», encontrarás círculos cromáticos y más explicaciones sobre cómo interactúan los colores y cómo se combinan entre sí.

2

Todo sobre el rojo

El rojo es el color más denso del espectro visual y el que tiene la frecuencia de vibración más baja del mismo. El rojo es el color que identificamos con la materia terrenal, la sangre y la pasión. Es intenso y muy estimulante, porque aunque sus moléculas vibren lentamente, se acumulan con gran densidad, lo cual crea mucha fricción. Por este motivo el rojo capta nuestra atención con tal rapidez y se usa tan a menudo en publicidad. Es tan activo que empleado en exceso resulta hiperestimulante e irritante, por lo tanto cabe utilizarlo con moderación.

Rojo en el aura

El rojo se asocia de manera natural al chakra raíz que rige la supervivencia en el plano físico y el instinto de pelear o escapar, regulado por las glándulas suprarrenales. El rojo intenso en el aura significa abuso de drogas o cólera. Los rojos oscuros indican enfado, cólera, celos o lujuria. Los rosas intensos denotan irritación y frustración. Los rosas medios indican deseo de actividad física, mientras que los rosas claros significan amistad, afecto y vulnerabilidad.

Expresiones idiomáticas

Entre las expresiones que emplean colores rojos se incluyen las siguientes: rojo de ira, al rojo vivo, luz roja, sonrojarse, bando rojo, ponerse rojo como un tomate.

Asociaciones

Asociaciones físicas

Elemento de fuego, sangre oxigenada, excitación sexual, calor físico como se da en el fuego, irritación, fiebre, sarpullido, inflamación e hinchazón, estimulación mediante ejercicio saludable, salud, vitalidad, vigor, virilidad, generador de calor, nervios y sangre estimulados, cuerpo físico vigorizado, fuerza vital primaria, hiperactividad.

Asociaciones emocionales

Enojo, cólera, genio, irritabilidad, excitación, atractivo sexual, acción, pasión, disfrutar en compañía, egoísmo, necesidad de tener cosas ahora, conducta enfocada al presente, generosidad, seguridad en uno mismo, engrandecimiento propio, genialidad, vigor, obstinación, impulsividad, enfoque físico de las situaciones, creador de dramas, temeridad.

Asociaciones mentales

Detenerse, prestar atención, fase física de la mentalidad, amor.

Madre tierra, muerte, fortuna.

Rojos intensos

Carmín: enojo.

Escarlata: lujuria.

Carmesí: cualidad física.

Sombras

Rojo sangre: sensualidad, pasión incontrolada.

Rojo ladrillo: motivos egoístas, enfoque práctico.

Rojo cordobán: pasión bruta.

Rojo turbio: codicia y crueldad.

Carmesí intenso: materialismo.

Tintes

Sonrosado «como una rosa»: saludable.

Rosa chillón: atractivo sexual inocente, explorador activo, energía adolescente, seguridad en uno mismo.

Rosa claro: bondad y actitud reactiva, inocencia espiritual, vulnerabilidad.

Rosado: amor desinteresado, amabilidad.

Aplicaciones curativas

- Emplea el rojo tan solo en pequeñas dosis, ya que el rojo puro estimula en exceso.

- Úsalo para la anemia o mala circulación. El rojo estimula la adrenalina y disipa el cansancio, la inercia y el frío; el rojo es expansivo. Utilízalo con moderación en casos de depresión combinado con otros colores.

- Emplea el rojo con la gente que necesita empuje.

- Para personas con problemas de libido, utiliza sombras oscuras de rojo para estimular la circulación de la sangre hasta las zonas inferiores.

- Emplea el rosa para estimular el metabolismo o el flujo de sangre hacia una zona concreta.

- Utilizar el rosa en la respiración de colores ayuda a perder peso.

Alimentos

Remolacha, rábanos, guindas, ciruelas, ciruelas damascenas, ciruelas secas, espinacas rojas, berros, pasas, verduras y frutas que contengan hierro, pimentón, chiles, clavo, agua cargada de rayos rojos.

Decoración y moda

Usa el rojo con moderación como color de realce y para aportar calidez a una habitación. Si empleas demasiado, el espacio parecerá un burdel.

Los rojos oscuros son muy masculinos, sexis y enérgicos, y pueden interpretarse como cálidos, estimulantes y físicamente confortables. El rojo transmite densidad y concentración, aunque también es muy activo. Puedes emplear el rojo para atraer la atención.

El rojo es un color genial para dar realce a la ropa. Ir toda de rojo comunica un mensaje expresivo demasiado llamativo, hay que ser muy lanzada para ponerse este *look*. Es sexi, atrevido y agresivo. Llevar rojo de hecho puede hacerte entrar en calor. Por ejemplo, ponerse calcetines rojos en invierno calienta los pies.

3

Todo sobre el naranja

Al combinar rojo y amarillo se produce la gama de colores naranjas. La palabra clave simbólica para el rojo es «energía»; para el amarillo es «intelecto». El naranja es por consiguiente la energía en la que la mente se concentra. El predominio del rojo o del amarillo primarios en la mezcla determinará la manera de interpretar el significado simbólico del color. Por ejemplo, en el naranja rojizo hay más rojo que amarillo; por consiguiente, la energía del rojo dominará la lógica del amarillo.

El naranja es un color cálido y estimulante. Es menos irritante que el rojo pero más activo físicamente que el amarillo. Con frecuencia encontramos restaurantes de comida rápida que incorporan a su publicidad el rojo, el naranja y el amarillo ya que el naranja estimula el apetito, el amarillo ayuda a tomar decisiones y el rojo hace entrar y salir deprisa a la gente.

Naranja en el aura

El naranja se relaciona de manera natural con el chakra sacro, que rige la sexualidad, la identidad de género y las relaciones sociales. Cada vez que el naranja aparece en el aura, indica que la persona tiene una actividad política o está negociando o aprendiendo a relacionarse y a tratar con la gente de manera dinámica en contextos sociales o empresariales.

Expresiones idiomáticas

No hay modismos incorporados al color naranja que yo sepa.

Asociaciones

Asociaciones físicas

Color estimulante y cálido; estimulante del apetito; fuerza vital dinámica; tónico; estimulante de las funciones corporales; fortalecimiento de bazo, páncreas, pulmón, vesícula e hígado; antiespasmódico; facilita la digestión y la evacuación.

Asociaciones emocionales

Conducta política, manipuladora, ambiciosa, motivadora; sensación de bienestar; instigador de acción; orgullo del intelecto; destreza gracias a la voluntad; orgullo por superar en destreza a los demás.

Asociaciones mentales

Habilidad negociadora, orgullo y aprender diplomacia; funciones mentales estimuladas.

Asociaciones espirituales

Instigador del control de la conciencia sobre las funciones físicas.

Naranjas intensos

Naranja intenso: energía, estimulación.

Sombras

Naranja quemado: orgullo, calidez, confort y motivación.

Naranja sucio: cálculo y manipulación.

Naranja amarronado: no arriesgarse en contextos sociales.

Tintes

Melocotón: vulnerabilidad, sensibilidad.

Albaricoque: estimulante del apetito, sociabilidad.

Alimentos

Naranja, mandarina, albaricoque, mango, melocotón, melón cantalupo, zanahoria, zapallo de cuello largo, calabaza, ñame, nabo sueco (conocido también con el maravilloso nombre de ¡remolacha forrajera!), agua cargada de rayos naranjas.

Aplicaciones curativas

- El naranja acaba con represiones e inhibiciones, abre la mente a nuevas ideas, eleva la capacidad mental, aporta comprensión y tolerancia y eleva la motivación.

- El naranja ayuda cuando se sufren espasmos musculares o calambres.

- Emplea el naranja para incrementar la vitalidad.

- Utiliza el naranja para tratar afecciones en bazo y riñones, vesícula e hígado.

- Emplea el naranja para la parálisis y el pánico provocado por problemas emocionales.

- Usa el naranja para las dificultades respiratorias. Ayuda a tratar el asma (asociado al rayo azul) y la bronquitis.

- El naranja estimula la evacuación.

- Emplea el naranja para ganar resistencia y aportar calor al cuerpo.

- La respiración de color naranja anima a pasar a la acción, sacando a la persona del estancamiento y la depresión para llevarla a la motivación y la energía dirigida.

Decoración y moda

El naranja es un buen color para decorar espacios públicos ya que su calidez fomenta una interacción social positiva y sentimientos de confort. También funciona bien en comedores y cocinas, y ayuda a «estructurar el fuego» de un entorno. El melocotón pálido o el albaricoque pueden usarse en una guardería o en un cuarto de los juguetes por su efecto benéfico, ya que promueven las buenas relaciones y levanta el ánimo. Los matices naranjas aportan a una habitación calor y una ambientación natural. Los acentos naranjas luminosos añaden chispa a un cuarto sin resultar demasiado irritantes.

Emplea el naranja con el azul, su color opuesto en el círculo cromático.

Las prendas de color naranja o los acentos naranjas en diseños de ropa transmiten un mensaje atrevido y cálido en todos sus matices. Es un buen color para crear una sensación más masculina, excepto en sus tintes más pálidos.

4

Todo sobre el amarillo

El amarillo es el color asociado a la mente. La función de la mente es dual ya que la mente inferior se implica en el pensamiento lógico que organiza el funcionamiento en el mundo mientras la mente superior nos conecta con la sabiduría del universo. La sabiduría es la aplicación del conocimiento a través del amor. El amarillo intenso es también el color de la dicha, la luz y la risa, o de los estados mentales positivos. Mezclados con blanco, los amarillos dejan de ser tan lógicos y aceptan mejor el mundo emocional; se interpretan también como indicativo de un poder mental disminuido. Mezclados con negro, los amarillos se vuelven más sentenciosos, con tendencia a la preocupación y al pensamiento negativo.

Amarillo en el aura

El amarillo se identifica de manera natural con el chakra del plexo solar, que se relaciona con la toma de decisiones y elecciones. Cuando el amarillo aparece en el aura, dependiendo de su matiz, significa aprendizaje, estudio, aplicación de la lógica, trámites, asuntos legales complejos, detalles, juzgarse a uno mismo o a otros, o preocupación.

Expresiones idiomáticas

Un término que emplea el color amarillo es «prensa amarilla». Durante el último siglo y medio, los norteamericanos han empleado el amarillo como símbolo de recuerdo, atando una cinta amarilla alrededor de un árbol cuando un ser amado se ha ido a la guerra.

Asociaciones

Asociaciones físicas

Digestión, estómago, bazo, páncreas, vesícula, hígado, descomposición y asimilación de nutrientes, vínculo con las funciones del hemisferio izquierdo del cerebro (lógico), purificador de la piel, trámites y papeleo, detalles.

Asociaciones emocionales

Dicha, inspiración, optimismo, cobardía, confusión provocada cuando la mente domina las emociones.

Asociaciones mentales

Análisis, intelectualismo, lógica, pensamiento excéntrico, criterio, estudio y aprendizaje, discriminación, prejuicio, absolutismo, obstinación, actitud de «si no lo veo, no lo creo», autocontrol.

Asociaciones espirituales

Aplicación de la mente superior y el intelecto puro o el logro intelectual. El amarillo girasol se asocia a la dicha; el amarillo dorado a un estado espiritual superior del ser.

Amarillos intensos

Amarillo intenso: dicha, luz, risa, estados mentales positivos.

Sombras

Ocre: preocupación y dudas acerca de uno mismo.

Mostaza: juzgarse a uno mismo o a los demás, consecuencias de un pensamiento negativo.

Ocre oscuro: paranoia, sospecha.

Tintes

Amarillo pálido: gran poder intelectual.

Limón: capacidad intelectual normal.

Amarillo cremoso claro: intelecto limitado, mente débil sin personalidad.

Dorado metálico: sabiduría, conciencia de Dios, despertar espiritual, riqueza, poder y posición.

Aplicaciones curativas

- El amarillo sirve de inspiración y es intelectualmente edificante.

- Emplea el amarillo para el desgaste nervioso, en afecciones de la piel, indigestión, estreñimiento, flatulencia, problemas de hígado y diabetes.

- El amarillo genera energía en músculos y nervios motores, y estimula el flujo de bilis.

- El amarillo tiene un efecto positivo sobre la depresión, induciendo vibraciones mentales positivas que repercuten en el sistema nervioso y en la vitalidad física.

- El uso del amarillo en la terapia de respiración de colores mejora la memoria y la concentración.

Alimentos

Plátano, piña, limón, pomelo, maíz tierno, mantequilla, calabaza amarilla, pimentón amarillo, azafrán, cúrcuma, ajo y cebollas, agua cargada de energía solar amarilla.

Decoración y moda

El amarillo tiene un efecto estimulante sobre la mente. Como color para una habitación, los tonos más saturados pueden levantar el ánimo y dar calidez, aportando a la estancia una sensación soleada y de dicha. El amarillo empleado en cocinas o salas públicas estimulará el debate y ayudará a la digestión. Puedes emplear el amarillo en un estudio para fomentar la actividad intelectual. El amarillo sirve como color de realce para dar luminosidad, pero no debería emplearse como color principal en paredes de estancias donde relajarse, como dormitorios o baños, debido a su efecto estimulante sobre la mente.

Mucha gente encuentra el amarillo intenso un color difícil a la hora de vestirse, es más habitual usarlo como color para realzar estampados. El amarillo vivo puede favorecer mucho a las personas de piel oscura, y los matices amarillos sientan bien a la gente con cabello oscuro o pelirrojo y ojos marrones. Los tintes más pálidos son más fáciles de introducir en nuestro vestuario, transmiten una imagen de organización y una actitud positiva.

El oro de las joyas también se considera un atributo del amarillo, y siempre ha sido símbolo de poder personal, riqueza y posición. Representa la energía solar masculina ya que nunca pierde intensidad, ni se empaña ni cambia, y es hipoalergénico.

5

Todo sobre el verde

El verde es el color del equilibrio, la armonía y la compasión. Es la combinación del amarillo, en el extremo más cálido del espectro, y el azul, en el lado frío. Igual que sucede con cualquier otro color secundario, el color dominante de la mezcla determina cuál es más influyente.

Verde en el aura

El verde es el color natural del chakra del corazón, por lo tanto regula la empatía, la conexión con nuestro objetivo personal en la vida y el templo del alma. El verde es el color de la naturaleza y la renovación a través de la abundancia. Cuando perdemos la confianza, perdemos nuestro equilibrio con el mundo natural y dejamos de creer en que vayamos a lograr cubrir nuestras necesidades. Esto crea sentimientos como celos, resentimiento y envidia, apareciendo todos ellos con tonos verdes dentro del campo energético.

El verde intenso indica una actitud positiva, práctica y generosa en la vida. Los verdes oscuros significan celos, envidia y falta de autoestima, así como resentimiento. Los verdes claros se identifican como nuevas iniciativas de carácter práctico.

Expresiones idiomáticas

Entre las expresiones idiomáticas que emplean el color verde se incluyen las siguientes: pastos verdes, estar verde (sin experiencia o en fase inicial), verde (ecológico), dar luz verde, poner verde a alguien, viejo verde o chiste verde.

Asociaciones

Asociaciones físicas

Controlar el corazón, inmunidad; influir en la presión sanguínea; sentido práctico; estar ocupado y ser productivo; versatilidad y capacidad para actividades creativas pero prácticas como la artesanía o la jardinería.

Asociaciones emocionales

Cuidador, alguien adaptable, versátil y práctico; independencia o dependencia; confianza o falta de la misma; nuevos proyectos; compasión, amabilidad, carácter pacífico, estabilidad; miedo a resultar herido emocionalmente, vulnerabilidad; amor al hogar y la comida; envidia, inseguridad.

Asociaciones mentales

Engaño, traición, celos, problemas para decir que no y marcar límites, necesidad de delegar responsabilidades.

Renovación, vida nueva, vitalidad en la naturaleza.

Verdes intensos

Verde intenso: positivo, práctico, generoso.

Sombras

Verde bosque: seguridad emocional en cuanto a asuntos físicos.

Verde caqui: celos, engaño.

Verde oliva: inseguridad y baja autoestima.

Oliva oscuro: tacañería y egoísmo.

Tintes

Verde-azulado claro: caridad, emoción altruista.

Verde hoja: seguridad, entusiasmo por nuevos proyectos.

Verde claro: aún no puesto a prueba, fresco, tranquilizador.

Alimentos

Todas las frutas y vegetales verdes así como las hierbas (alimentos que tienen un alto contenido en minerales y fibra, son muy nutritivos a nivel celular y ayudan a limpiar y oxigenar el sistema); agua cargada de energía solar verde.

Aplicaciones curativas

- El verde equilibra la presión sanguínea, ayuda a aliviar el dolor de cabeza y contribuye a oxigenar el cuerpo.

- El verde restaura la armonía al sistema nervioso, contrarrestando la preocupación y las afecciones nerviosas.

- El verde contribuye a contrarrestar tumores malignos y potencia la inmunidad.

- Emplea el verde en la respiración de colores para potenciar el sistema inmunológico y equilibrar la vitalidad en el sistema etéreo.

Decoración y moda

En Irlanda, una superstición establece que la decoración verde trae mala suerte. Tal superstición surge de la creencia de que el color verde está muerto, en contraste con el verde vivo de la naturaleza.

Mi amiga y editora, Sasha, me ha contado que en otro tiempo se consideraba extremadamente nefasto usar verde en el hogar, y que en concreto los niños no se desarrollaban bien en una casa decorada con tonos verdes. La explicación es que cuando los fabricantes de pintura de la época victoriana descubrieron la manera de crear un verde bonito y vivo, se convirtió en un color muy popular, pero por lo visto estas primeras pinturas contenían arsénico. A algunos niños les gustaba lamer la pintura y mordisquear la parte superior de las barandas o los postes de las escaleras y otros elementos, y cuando lo hacían enfermaban, muriendo en ocasiones. Antes de que se descubriera que el arsénico era el causante el problema, se asumió sencillamente que el verde en el interior de la casas traía mala suerte. Algunas personas siguen creyendo aún en esta superstición y jamás comprarán ropa verde ni coches ni artículos del hogar de este color.

El verde resulta calmante y relajante para el sistema nervioso. Con un predominio de azul en la mezcla, es una buena opción para decorar dormitorios y salas de estar. Con predomino del amarillo funciona bien como color de realce, aportando una energía primaveral a un espacio. Por supuesto, siempre es una opción emplear plantas, follaje y flores para dotar a un lugar de energía verde. En ocasiones uno puede considerar el patio o el jardín como una habitación más del inmueble.

En moda, los verdes bosque desprenden una sensación de seguridad emocional. Son colores conservadores por naturaleza. Los verdes amarillentos transmiten un mensaje práctico a la hora de aplicar recursos a una situación. También confieren vitalidad, y engendran un aura de capacidad y responsabilidad.

6

Todo sobre el azul

El azul presenta más variaciones que ningún otro color. Tales variaciones son resultado de tres tipos primarios de azul: añil, celeste y turquesa. El añil es el color del cielo nocturno, es profundo y se aproxima al rayo violeta. También encontramos el ultramarino y el azul real o azafata, el celeste, cerceta y turquesa. Además, todos estos azules pueden mezclarse con blanco y negro. El azul tiene la frecuencia de vibración más alta de los colores primarios, lo cual significa una gran cantidad de espacio entre las moléculas, que vibran deprisa. El azul es un color frío. En la naturaleza podemos ver el cielo y el agua luciendo diversos matices de azul, un color que afecta a nuestras ideas más elevadas así como a nuestras emociones.

Azul en el aura

El turquesa y el azul celeste se asocian al chakra de la garganta, el centro de la autoexpresión. El añil se identifica con el chakra del tercer ojo, el centro de la visión y la clarividencia. El azul en el aura es el color de la sensibilidad emocional y representa la necesidad de tomar el control de una situación. Además indica un desarrollo de la capacidad para comunicarse, no solo con palabras sino también a través del arte y la música.

Expresiones idiomáticas

Una expresión que emplea el color azul es ponerse azul de frío.

Asociaciones

Asociaciones físicas

Hemisferio derecho del cerebro, sistema endocrino, sistema nervioso central, órganos de la garganta y la cabeza, electromagnetismo del cuerpo. El azul contrae, restringe y ralentiza las funciones corporales. Es astringente, refrescante y antiséptico.

Asociaciones emocionales

Calma, relajación, depresión, creatividad.

Asociaciones mentales

Lealtad, sinceridad.

Asociaciones espirituales

Inspiración y devoción, idealismo, pura sensación religiosa, misticismo.

Azules intensos

Añil claro: introspección, perspectiva espiritual, cautela.

Celeste claro: creatividad, idealismo, cautela.

Turquesa claro: libertad de expresión, creatividad energética, asumir riesgos.

Sombras

Marino: conservadurismo, frialdad exterior y emotividad interior, sentirse excluido.

Pizarra: depresión.

Cerceta: atención a aspectos emocionales de cuestiones prácticas como pensiones, testamentos, hipotecas y demás.

Turquesa oscuro: miedo a asumir riesgos.

Tintes

Celeste pálido: idealismo poco realista, emotividad ingenua.

Azul hielo: dureza y frialdad.

Añil pálido: espiritualidad poco realista.

Turquesa pálido: miedo al compromiso.

Azul cielo claro: espiritualidad inocente.

Aplicaciones curativas

- El rayo azul celeste reduce la fiebre, las infecciones e inflamaciones, el picor y los dolores de cabeza. Puedes emplear el color celeste para combatir los estados de *shock*, el insomnio y la sobreexcitación. Es antiséptico y antiespasmódico. Ayuda a elevar la conciencia a nivel espiritual.

- El rayo añil es anestésico e hipnótico, y regenera la mente y el alma. Empléalo para combatir la psicosis y la fobia, los trastornos mentales y las afecciones oculares y nasales.

- El rayo turquesa puede estimular el sistema nervioso, ayudar a superar bloqueos y liberar la mente de esquemas rígidos.

- El azul en la respiración de colores contribuye a equilibrar las emociones y favorece el estado de meditación.

Alimentos

Uva tinta o negra, zarzamora, arándano, ciruela azulada, agua cargada de energía solar azul.

Decoración y moda

Las variaciones de azul celeste y añil son sedantes, refrescantes y relajantes, pero el turquesa es un poco más estimulante. Estos colores dan una sensación de amplitud al espacio. Son buenas opciones para dormitorios o cualquier cuarto que uses para relajarte. Demasiado azul puede resultar insulso, por lo tanto emplea colores cálidos de realce o blancos para crear contrastes. El uso de diferentes azules añade variedad, quedan muy bien mezclados.

El color azul transmite un mensaje conservador y de autocontrol. El marino se emplea a menudo en uniformes, por ser un color que parece transmitir un mensaje de autoridad.

7

Todo sobre el violeta

El violeta constituye la vibración más alta de la luz y sus rayos tienen un efecto estimulante sobre el sistema nervioso. El violeta es la combinación del azul y el rojo, lo cual representa que el mundo espiritual controla el plano físico. Desde el punto de vista histórico, el violeta era un color tan caro de crear que solo la realeza lo empleaba en su vestimenta. Con la llegada de los tintes químicos, violetas y morados están al alcance del pueblo llano. Desde una perspectiva simbólica, esto significa que todos nosotros debemos prestar atención a nuestro yo espiritual y emplearlo como guía en nuestra vida cotidiana.

Violeta en el aura

El violeta se relaciona de forma natural con el chakra de la corona, que rige nuestra relación con la luz solar. También regula nuestros ciclos de sueño y vigilia y nos conecta con el norte geomagnético. Está estrechamente conectado con el sistema nervioso parasimpático, que ejerce control sobre las actividades inconscientes de supervivencia. El violeta atañe a nuestra mente subconsciente, nuestra condición espiritual y capacidad de transformación. En el aura indica una zona donde tiene lugar una transformación en profundidad; revela cuestiones que llevan mucho tiempo enterradas y que finalmente afloran, las cuales no pueden pasarse más por alto. La vida y la muerte devienen problemas apremiantes y serios que debemos tener en cuenta. Las variaciones en este color pueden indicar duelo y pena, aislamiento espiritual, soledad emocional y una incapacidad para conectar con los demás. A veces esto indica un engaño espiritual. El violeta es el color que fomenta la intuición y comprensión espiritual.

Expresiones idiomáticas

Entre las expresiones que usan el color violeta se incluyen: púrpura cardenalicio, amoratarse de frío, ojo morado, ponerse morado, pasarlas moradas.

Asociaciones

Asociaciones físicas

Mala circulación, frialdad, anestesia, sedación del sistema nervioso.

Asociaciones emocionales

Poder y control, sensibilidad, aislamiento, compulsiones.

Asociaciones mentales

Transformación, obsesión, observancia rígida de protocolos, amor a los rituales y a la etiqueta.

Espiritualidad, realización elevada, amor sagrado, intuición, conciencia espiritual.

Violetas intensos

Violeta: atención espiritual, poder, transformación.

Morado: duelo.

Amatista: control sobre el mundo material empleando principios espirituales, energía nerviosa.

Sombras

Ciruela: llorar a alguien.

Gris/Malva: lástima.

Tintes

Lila: aislamiento, ser un ermitaño.

Glicinia pálido: un estado que no es de este mundo.

Alimentos

Arándanos, uvas negras, zarzamora, frambuesa de Logan, vino, agua cargada de energía solar violeta.

Aplicaciones curativas

- El violeta se emplea para tratar enfermedades mentales, afecciones nerviosas y cerebrales, neurosis, neuralgia, epilepsia y dolencias reumáticas, así como para el alivio del dolor.

- El violeta es útil para tratar el insomnio e inducir estados hipnóticos. Tiene un efecto reparador para quienes se sienten mentalmente «agotados».

- El violeta es refrescante y puede ayudar con las quemaduras.

- El violeta además se utiliza cuando aparecen conmociones, tumores y enfermedades de riñón y vejiga.

Decoración y moda

El púrpura es un color demasiado fuerte para la decoración de toda una estancia. Tiene un potente efecto sobre el sistema nervioso que será o bien sedante o irritante en función de cuánto rojo haya en la mezcla. Es un buen color secundario, ya que puede resultar bastante masculino y aportar a una habitación una sensación de opulencia y poder.

En cuanto a la ropa, el púrpura es un color que suscita reacciones fuertes: o bien lo adoras o lo odias. Tiene connotaciones hippies y del movimiento Nueva Era, y además es popular entre las brujas. El púrpura es un color que emana poder.

8

Negro, blanco, gris y marrón

El negro y el blanco pueden calificarse sorprendentemente como colores que no son colores. Ya hemos visto que el color es todo lo que se encuentra en el espectro entre el negro y el blanco, pero a estos dos no podemos dejarlos fuera. El negro y el blanco transmiten un mensaje expresivo extremadamente energético. Son polos opuestos y podría decirse que representan el bien y el mal. ¿Ves las cosas en blanco y negro o puedes ver matices de gris?

Negro

El negro se compone de todos los colores en «estado no manifiesto», lo cual significa que están ahí pero que aún no han cobrado vida. Si imaginaras que te encuentras en el campo una noche oscura, nublada y sin luna —una de esas noches en las que no distingues las estrellas—, solo verías negrura. Esto no quiere decir que la hierba bajo tus pies haya dejado de ser verde ni que las piedras ya no sean grises, blancas o marrones; solo significa que no consigues ver los colores porque sin luz «no se manifiestan».

Suele decirse que el negro es negativo, receptor y absorbente. El negro representa un gran misterio donde todo está oculto y todo es potencial, motivo por el cual es un no color tan fascinante. Además representa la oscuridad, donde no podemos ver con tanta claridad y, por consiguiente, se ha etiquetado por error como algo maléfico y tentador.

Blanco

El blanco se compone de todos los colores, que se «manifiestan» al mismo tiempo. Es la luminiscencia definitiva. El blanco es el color del espíritu y la pureza, y transmite un mensaje de perfección, limpieza, esterilidad y orden impecable; un mensaje sereno, divino, intocable. Es difícil desafiar a alguien vestido de blanco, dado el aire que adquiere de autoridad intocable.

Grises

El gris es el color ideal para esconderse, por consiguiente goza de popularidad entre quienes desean ocultarse tras una «cortina de humo». Transmite una imagen anodina y neutral, que impide «ver tus cartas». Los matices de gris también indican sutilezas tras los problemas. En el aura, el gris se identifica con estados de miedo, agotamiento, falta de valentía, depresión y negatividad, tanto si está encuentra presente junto a otro color o en combinación. Además puede denotar falta de imaginación o mezquindad.

Marrones

Al combinar todos los colores primarios se consigue una variedad completa de marrones. El marrón es el color de la seguridad, del sentido práctico y de un planteamiento realista. Es conservador, cauto y permanece levemente oculto. Puede verse como turbio, manchado o indirecto.

Los marrones simbolizan por un lado el deseo de beneficio y acumulación, y la mezquindad y la codicia por el otro. Si un intérprete del aura percibe el color marrón en una persona, significa que el cliente está lleno de dudas, que está considerando sus opciones o busca la alternativa más segura.

El marrón con el blanco crea una variedad de beis y colores que a menudo se asocian a pieles y pelajes de animales. En algunos aspectos, estos colores son muy similares al gris puesto que también transmiten seguridad, anonimato y neutralidad, pero los marrones son más cálidos que el gris.

Metálicos

Oro, plata, bronce, latón y cobre son colores que pueden encontrarse también en el aura, aunque en raras ocasiones. Como metales, cada uno de ellos está relacionado con un elemento diferente e incorpora correspondencias simbólicas propias. Pueden llevarse en joyas y emplearse en decoración para crear efectos energéticos específicos. También se utilizan en curación.

- El oro se identifica con el rayo solar, aportando calidez, lujo y poder a una situación.

- El plateado se relaciona con el rayo lunar, aportando una armonía serena a las emociones, junto con una actitud abierta. Indica además versatilidad, pero puede significar también veleidad.

- El cobre se asocia al rayo rojo y estimula el equilibrio hormonal.

- El bronce se relaciona con el rayo naranja y, aunque es cálido, tiene un elemento estructural fuerte.

- El latón se relaciona más con el rayo amarillo, y puede representar una mentalidad frágil.

Aplicaciones curativas

- En sanación, aplicar el negro y el blanco o regular la proporción de oscuridad y luz ayuda a ajustar el reloj interno a quienes padecen insomnio o incluso problemas hormonales.

- El doctor John Ott ha demostrado la importancia de contar con bombillas de espectro completo en una casa u oficina. Ha descubierto que muchas dolencias físicas o psicológicas son provocadas por la restricción de la exposición al espectro lumínico, al usar bombillas comunes de filamentos de tungsteno o al trabajar bajo alumbrado urbano como luces de mercurio o vapor de sodio. Es mucha la gente que habita en áreas extremas del norte o sur geográfico y padece el trastorno afectivo estacional provocado por la exposición inadecuada a la luz solar. Los síntomas de este trastorno van de la depresión leve a la severa y pueden tratarse exponiéndose a una fuente de luz artificial de espectro total durante un mínimo de treinta minutos diarios.

- El marrón no se emplea con demasiada frecuencia en la curación mediante colores propiamente dicha, ni tampoco en aguas solarizadas o en la respiración de colores, al ser más eficaz aplicar los colores individualmente. Pero el marrón sí se encuentra más a menudo en la medicina, como en las tinturas de hierbas, los caldos y sopas.

Alimentos

Por lo general, los alimentos que presentan color gris suelen estar podridos o no resultan saludables; aunque hay pescados en los que su carne adquiere un tono grisáceo al cocinarlos.

La tinta de calamar es negra y rica en minerales.

La leche es blanca y combina todos los nutrientes y la inmunidad requerida por una criatura en los primeros meses de vida, ¡como la luz blanca! La carne de pescado es a menudo blanca. Muchos alimentos a base de fécula son blancos o beis, como el pan, las patatas, el arroz, la avena, el centeno y otros.

El agua solarizada es un tónico muy útil para el sistema energético. También puede aportar energías sutiles, empleándose en la creación de remedios vibracionales como las esencias de flores.

Los alimentos marrones se encuentran sobre todo en los cereales, las legumbres y en la proteína animal (carne). Resulta interesante que el pan y la carne se hayan considerado a menudo alimentos de subsistencia, y que los cereales y las legumbres proporcionen un complemento proteínico vegetariano completo. Los cereales se consideran el «pan de cada día», como acompañamiento de fécula a nuestras comidas.

Los colores marrones en fruta y verduras pueden indicar que la comida está podrida o excesivamente madura.

Decoración y moda

En decoración, el blanco y el negro, bien juntos o por separado, crean una expresión audaz y espectacular. Son colores que pueden verse como muy masculinos. El negro es recluido y gótico, mientras que el blanco puede verse como estéril y puro. Ambos colores pueden ser relajantes, pero también implacables. Juntos sugieren un ritmo que danza ante los ojos, pues los diseños que adoptan pueden volverse más importantes que los propios colores.

La iluminación y la oscuridad logran generar o romper el color o los diseños en una habitación. La iluminación crea drama y su importancia es tremenda desde el punto de vista práctico. El ambiente de un espacio siempre se ve afectado según las bombillas usadas sean blancas o de color.

El marrón es básico, relajante y cálido; solo hay que pensar en la madera, por ejemplo. Aunque hay muchos matices de marrón y desde luego muchos tonos basados en el color primario dominante que está en el marrón, si toda la habitación es marrón se considerarán más importantes las texturas que los colores. El marrón denota además seguridad conservadora. Emplearlo en decoración da a entender seguridad, por eso las entidades bancarias y cierto tipo de comercios emplean este color para demostrar que su organización es de confianza, que es segura.

En moda, el vestidito negro es la prenda clásica que se usa para las fiestas. Es muy benévolo, pues puede ocultar nuestros defectillos y desproporciones. Es misterioso y elegante, y aporta un sentido dramático y de poderío a quien lo lleva. Es formal y anónimo. De todos modos no favorece a todos los cutis, ya que puede dar un aspecto agotado a quien lo viste.

El blanco se emplea a menudo en uniformes, dando una imagen de limpieza, esterilidad y autoridad. Es un color veraniego que ayuda a evitar el calor gracias a cómo refleja la luz. El blanco es dramático. El blanco de las novias es el símbolo de la virginidad y la pureza, e incluso en situaciones no nupciales el blanco puede transmitir un aire de inocencia y espiritualidad. En algunas culturas es el color del luto, para recordarnos que todos nosotros regresamos al estado inmaterial, regresamos a la Luz del Espíritu. El blanco favorece muchísimo a la gente de piel y/o cabello oscuros.

El marrón es un color práctico que encontramos en todos los elementos de un vestuario, incluidos pantalones, trajes, abrigos y prendas de uso diario. Rara vez aparece en ropa de etiqueta, excepto en pieles o en prendas con colores metálicos como el bronce o el cobre. Todos los tonos del beis expresan algo neutral, nada intimidatorio. El beis favorece a personas con cabello rubio o pelirrojo. A mi parecer, el beige se identifica con las personas mayores, por lo tanto ¡intento evitarlo!

9

El color y el aura

Vivimos en un mundo que incluye una enorme gama de fuerzas energéticas que contribuyen a mantener nuestra existencia. Nuestro cuerpo físico es de naturaleza bioquímica, por lo que requiere para sobrevivir alimentos en forma de productos minerales, vegetales y animales. Todas estas sustancias están dotadas de color y presentan propiedades asociadas a la naturaleza del mismo. Muchas culturas autóctonas que viven en armonía con la Tierra entienden en sus tradiciones sanadoras las relaciones de forma y color y su efecto sobre el cuerpo humano. En este libro, consideramos tanto los efectos físicos como los psicológicos de los colores.

El campo energético que rodea y preserva a cada individuo se llama aura. Este campo presenta propiedades electromagnéticas y recibe información del entorno externo en todas las longitudes de onda. Acumula información y también la transmite hacia el exterior. Parte de esta información se recibe, almacena y comunica como color.

Nuestro mundo interior se compone de luz y color. Lo que identificamos como nuestra «psicología» está relacionada con nuestra condición afectiva y ámbito mental. El color influye en nuestro estado físico pero también afecta y refleja nuestros estados emocionales y mentales. Empleamos el color en el lenguaje para describir nuestros propios estados de ánimo, por ejemplo: estar como una rosa, rojo de ira, poner verde a alguien, pasarlas moradas, verlo todo negro, quedarse en blanco, y así sucesivamente.

Cierra los ojos. ¿Consigues ver colores sobre un campo oscuro? Pueden ser esquemas geométricos o imágenes. Los colores representan diferentes aspectos de energía relacionados de forma concreta con nuestros estados mentales y emocionales. También pueden ser imágenes resultantes de la exposición a una luz brillante.

Hay personas que nacen con la capacidad para ver los colores del aura astral, pero también es posible llegar a percibirlos mediante el aprendizaje. En uno u otro caso, lo que de cualquier modo debes aprender es a interpretar lo que estás viendo. Cuando sepas cómo reunir la información, reconocerás los colores y su simbolismo, al igual que cualquier sentimiento y emoción que captes en la persona a la que estés mirando. Pronto serás capaz de interpretar muchas cosas de la gente y su estado mediante las tonalidades en su campo energético. Aunque no logres cogerle el tranquillo a ver el aura astral, siempre podrás obtener muchas claves sobre la personalidad de la gente estudiando los colores que viste o de los que se rodea.

Nuestro campo energético

Hay muchas capas en el aura, y cada una cuenta con una estructura y función ligeramente diferentes, aunque todas almacenan energía en diversas formas. La capa del campo energético que procesa y almacena información cromática se llama cuerpo astral. Es nuestro cuerpo de luz. Se convierte en una base de datos de imágenes coloreadas llamadas formas de pensamiento, vinculadas a pensamientos y experiencias sensoriales.

Las formas de pensamiento contenidas dentro del campo astral más denso tienen relación con nuestra personalidad, nuestro cuerpo y situación vital presente. Son las «vibraciones» que perciben los demás, con las que sintonizan durante el transcurso de nuestra vida cotidiana. A un nivel más espiritual, incluimos formas de pensamiento en una frecuencia de vibración más elevada dentro de nuestro cuerpo astral. Este proceso representa recuerdos y experiencias de vidas anteriores que hemos traído con nosotros a este mundo, o también de las ocasiones que en esas vidas hemos estado en el reino espiritual.

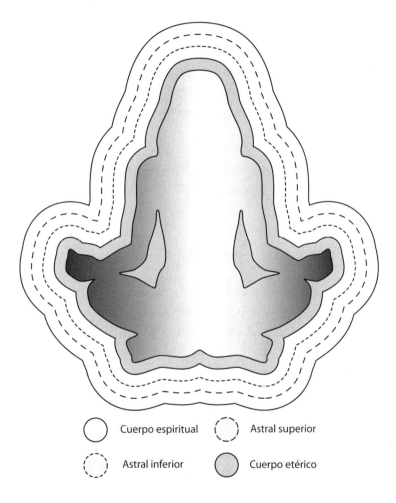

⭕ Cuerpo espiritual		⭕ Astral superior	
⭕ Astral inferior		🔘 Cuerpo etérico	

Las capas del cuerpo astral

Estos recuerdos y experiencias forman una especie de telón de fondo histórico de nuestras experiencias vitales, y ese telón puede «bajarse» en las ocasiones en que estas se hacen relevantes.

Todo el mundo es capaz de percibir la presencia de otras personas e incluso calibrar su estado de ánimo como parte de la estrategia de supervivencia humana. La mayoría de gente no consigue ver los colores astrales, pero algunos nacen con esta capacidad o la desarrollan a lo largo de su vida. Quienes logran ver el cuerpo astral lo perciben como una nube de colores que emana de todos los seres vivos. En la gente, el cuerpo o campo astral tiene forma ovoide. Los colores se mueven a distinta velocidad según cuan activa sea esa persona emocional y mentalmente. Algunos colores permanecen inalterables a lo largo de la vida de alguien, y otros cambian con cierta rapidez como reacción a las circunstancias.

Color y karma

«Karma» es una palabra que en sánscrito significa «acción». Es la ley de causa y efecto —o acción y reacción— según la cual las acciones buenas o malas iniciadas en esta vida determinan las circunstancias en existencias venideras.

El color dominante de la capa más densa del aura astral es un fondo energético que filtra e influencia los colores que aparecen en el resto del aura. Representa nuestra ruta kármica y las peculiaridades de nuestra personalidad, junto con la naturaleza de nuestras actitudes y esquemas vitales. Este color no cambia durante la vida de una persona, y muestra los fundamentos de las lecciones vitales que dominan la vida personal. La densidad y claridad del color muestran lo positivas que son las lecciones y dónde se encuentra la persona en el transcurso de su peripecia vital. El color informa de las bazas que trae consigo una persona como soporte mientras intenta responder a ciertos retos vitales.

A continuación enumero lo que me parecen características de la personalidad así como patrones de la vida pasada de la que emanan. Antes de encarnase, el alma del individuo escoge varias encarnaciones que plantean el mismo tipo de dificultades. Esto determina las lecciones y circunstancias vitales de alguien, y las experiencias se reflejan en su color dominante.

La mayoría de gente que acude a lecturas del aura siente interés por temas espirituales. Sus auras exhiben el color verde, turquesa, azul y algún violeta como color dominante. La gente con rojo y naranja como colores dominantes está demasiado ocupada teniendo éxito en el mundo como para preocuparse por este tipo de lecturas, mientras que la gente cuyo color dominante es el amarillo necesita «verlo para creerlo». ¡Son escépticos profesionales! Calibra con cuál te identificas.

Rojo dominante

La palabra clave es «sensación». El tipo de persona de color rojo vive el momento. Estas personas son reflexivas, receptivas y activas. Son almas jóvenes que necesitan experimentar muchas cosas en el mundo. Pueden ser ingenuas e inocentes y al mismo tiempo mostrarse groseras y agresivas. Necesitan una gran cantidad de actividad en el trabajo y en su tiempo libre, son grandes deportistas y se interesan por los temas militares. Puede ser grandes innovadores, ya que no les asustan las cosas nuevas y están dispuestos a asumir riesgos. Es gente de acción que no destaca por sus pensamientos profundos. Su carácter puede ser volátil y necesitan aprender a autocontrolarse. Pueden ser personas egoístas e irritables, pero también muy cariñosas, siempre que se satisfagan sus necesidades.

Naranja dominante

La palabra clave para el tipo de persona con el color naranja en el aura es la «ambición social». Estas personas cobran vida con la necesidad de aprender dentro de un contexto social armonioso. En vidas pasadas, debido al egoísmo personal, se dedicaban a perturbar el progreso social. Deben aprender a participar en el grupo como conjunto y emplear su energía de forma positiva para motivar a los demás: sienten la necesidad de tomar parte en la actividad comunitaria y en la política. Logran posición social a través del trabajo duro. La gente cuyo color dominante es el naranja encuentra problemas a la hora de ser coherente en sus estrategias para abordar los asuntos, y pueden distraerse haciendo demasiadas cosas al mismo tiempo. A veces llegan a ser personas egoístas. No parecen convencer demasiado por su autenticidad, ya que intentan agradar a todo el mundo sin conseguir caer bien a nadie. Como ventaja, pueden ser personajes muy motivadores, logrando animar a la gente para que haga las cosas.

Amarillo dominante

La palabra clave de las personas cuyo color dominante es el amarillo es «lógica». En vidas anteriores fueron intensamente emotivas y no respetaban los sistemas, la ley o el pensamiento racional. Estas personas cogían pataletas y eran poco honestas, y también podrían haber recurrido al abuso de sustancias. En esta vida presente, son «escépticos profesionales», individuos que lo cuestionan todo, cuya actitud en la vida es «si no puedo verlo o tocarlo, en realidad no existe». Necesitan ser sistemáticos y organizados, y les interesa disponer de pruebas. Piensan que son intelectuales aunque pueden resultar pedantes y obstinados. Las personas con el amarillo como color dominante enfocan todo como un problema a resolver. Les gusta discutir. Llegan a ser buenos abogados, contables y estadísticos. Muy buenos para el detalle y el trabajo de precisión, se les puede encontrar trabajando como técnicos dentales o relojeros, pero no son necesariamente creativos. Trabajan mejor solos que en equipo. Tienen una voluntad fuerte y tienden a juzgarse a sí mismos y a los demás. Necesitan tener razón. Las personas de amarillo dominante deben aprender a comprometerse con la dicha, el humor y la picardía, los aspectos positivos del rayo amarillo.

Verde dominante

La palabra clave para las personas cuyo color dominante es el verde es «confianza». En vidas pasadas, tendían a ser muy egoístas, poco consideradas y egocéntricas. Daban por supuesto que los demás les apoyarían, pese a aportar muy poco a la comunidad personalmente. En esta vida presente, la gente con el verde dominante siente que tiene una misión en la vida más allá de sí misma.

Son seres que tienden a volcarse en los demás. Están aquí para lograr un equilibrio entre lo que dan al prójimo y lo que se permiten a sí mismos.

Las personas con el verde como su color dominante encuentran problemas a la hora de conseguir el equilibrio idóneo entre independencia y dependencia en sus relaciones vitales. Tienen que aprender a cuidar de los suyos sin ser excesivamente maternales (y esto es aplicable tanto a hombres como a mujeres) y a permitir que los demás cometan errores. Los individuos con el verde dominante suele ser grandes maestros, terapeutas, artesanos y jardineros, y pueden echar una mano en cualquier cuestión práctica. Todo el mundo acude a ellos con sus problemas porque tienen mucho sentido común y saben dar buenos consejos. Necesitan encontrarse en el centro de la acción, son muy activos, consiguen muchas cosas y son líderes natos. De todos modos, lo que necesitan es aprender sobre todo a aceptar la ayuda de los demás. Los verdes están ahí disponibles para todo el mundo, y se sienten mal porque nadie está ahí cuando ellos lo necesitan. El motivo es que no permiten que los demás les ayuden, ya que ¡no quieren sentirse en deuda con nadie! Además, necesitan aprender a adoptar papeles de liderazgo por voluntad propia y también aprender a delegar.

Las personas cuyo color dominante es el verde necesitan ser queridas y necesitadas, y lo pasan fatal diciendo que no. Deben aprender a manifestar sus límites y reconocerse a sí mismas y sus logros así como sus propias necesidades. Necesitan aprender sobre cuestiones relacionadas con la confianza, como en quién confiar y en quién no, y sobre todo aprender a confiar en sí mismas.

Turquesa dominante

La palabra clave para la gente con turquesa dominante es «libertad». En vidas anteriores, tendían a tener un carácter muy rígido y a estar muy implicados en su familia nuclear. En esta vida actual necesitan aprender a tener flexibilidad y tolerancia, y descubrir que hay muchas maneras de enfocar la vida. Las personas cuyo color dominante es el turquesa a menudo son las ovejas negras de sus familias, sienten que no encajan, y no pueden estar quietas. Extremadamente curiosas e impacientes, aprenden rápido. A menudo se alejan de su familia natural y pasan a crear su propia familia de amistades. Les encanta trabajar, tienen muchos amigos en países extranjeros, están dotadas para la charla y saben contar anécdotas.

En muchos casos, contraen matrimonio con gente de otra clase, de otro origen religioso o nacionalidad. Les encanta ser rebeldes o ligeramente escandalosas. Su rol es servir de catalizador en las relaciones: hacer que sucedan cosas para luego retirarse. Son manitas, valen para todo, pero como no pueden permanecer quietos mucho rato, solo tienen éxito cuando se marcan objetivos a corto plazo, de lo contrario se distraen y pasan a la siguiente opción que les entusiasme. Son seres sociables y saben cómo conseguir que los demás cuenten cosas personales, aunque ellos no revelarán mucho de sí mismos. Parecen tomarse las cosas despreocupadamente, pero se les da bien ocultar sus verdaderos sentimientos. Siempre toman notas mentales y son observadores muy perspicaces con los demás. El inconveniente es su temor al compromiso, la falta de tenacidad, el aburrimiento y el escapismo.

En términos profesionales, son buenos escritores, periodistas y reporteros. Les interesan las palabras y los idiomas, y muestran afinidad con la industria turística, el comercio, el *marketing* y las relaciones públicas; saben establecer redes de contacto, inventar cosas, valen para el cine, la fotografía, la escultura y la danza. Necesitan aprender a respetar el papel que desempeñan a primera vista en la vida y aprender a ser libres incluso contrayendo compromisos.

Azules dominantes: celeste y añil

La palabra clave para estos personajes es «verdad». En sus vidas pasadas han ocupado puestos de poder y responsabilidad, pero han desaprovechado su posición a cambio del triunfo personal. En vidas anteriores eran personas educadas y privilegiadas, conscientes de ir en contra de la ley espiritual y secular. Llegan a esta vida con una carga de culpabilidad y les preocupa si hacen las cosas bien o mal.

A la gente con color dominante azul le desagrada tomar decisiones, prefieren saber que el resultado es seguro antes de tirarse a la piscina. Detestan que alguien les diga qué hacer, y detestan decirse a sí mismos qué hacer. Necesitan aprender a tomar el control de su existencia aprendiendo a tomar decisiones de su vida interior en vez de atender a su lado más racional. Vuelven loco a todo el mundo además de a sí mismos con sus problemas a la hora de tomar decisiones.

A las personas con el azul dominante no les gustan los periodos de transición. Son como un interruptor de encender y apagar: ya que o bien lo hacen todo o no hacen nada. No saben hacer frente a los matices de gris. Les gusta ser quienes detentan realmente el poder y observar desde los flancos antes de comprometerse a actuar o pronunciarse. Se guardarán las cosas hasta explotar, por lo tanto necesitan aprender a comunicarse.

A los azules se les da bien percibir pautas. Son muy creativos y necesitan estar haciendo algo que implique diseños y esquemas mentales. No obstante, una vez realizado el trabajo mental pedirán a otra persona que se encargue del trabajo sucio. Tienden a ser sensibles y buenos adivinos, y les fascinan los temas espirituales, aun cuando a menudo los teman. Son leales hasta la médula. Les resulta difícil hacer amigos y también abandonar relaciones o dejar situaciones. Tienen resistencia y aguante, y saben concentrarse. Prefieren hacer una cosa cada vez y estar con una persona o con grupos reducidos de gente. No les gusta el ruido ni las multitudes.

Son gente aficionada a viajar, pero solo en primera clase. Buscan lograr una buena posición social, pues es lo que han aprendido en vidas anteriores. Tienen buen gusto y, aunque pueden vivir con sencillez, les encantan las cosas bonitas. Llegan a ser tacaños con su dinero, para despilfarrarlo luego sin pensárselo dos veces. Su lema debería ser «Sé veraz contigo mismo». Si consiguen escuchar a su yo superior y actuar en consecuencia y con fe, su toma de decisiones no necesita demasiada ayuda y estará bien encaminada.

Los individuos con color dominante azul claro son más sociables y tendrán más necesidad de los demás que aquellos que poseen azules más oscuros. A menudo deben aprender a sentirse a gusto consigo mismos. Les interesa la belleza, la moda, las antigüedades, la abogacía, la informática, la contabilidad, los cargos directivos, la psicología, el interiorismo, la medicina, la política, las estrategias y la posición social.

La gente cuyo color dominante es el añil es más egocéntrica, puede llegar a ser solitaria o a tener una sola pareja para toda la vida. Necesitan espacio, ya que son muy sensibles. Les interesa mucho la música, la ciencia, la investigación, lo paranormal, la psicología, la medicina, la religión y el misticismo. Son más rígidos en su actitud que la gente con azul dominante más claro, sufren por cuestiones de poder y su necesidad de tener siempre la razón les puede ocasionar problemas.

Violeta dominante

La palabra clave para las personas con el violeta como color dominante es «poder». Hablamos de los verdaderos excéntricos del mundo. Les interesa el ocultismo y la naturaleza espiritual de la vida, y tienden a ser muy fanáticos a la hora de alcanzar sus objetivos. En vidas anteriores vivían como ermitaños y parias y ahora deben desarrollar la manera de encajar en la sociedad. Hay elementos fuertes de abnegación y sacrificio en su naturaleza, y una tendencia a colaborar con causas importantes. Sienten la necesidad de darse a la humanidad, pero son incapaces de hacer frente a la gente a escala individual. Tienen un enorme ego y necesitan estar al mando; o por el contrario son retraídos y sufren trastornos psicológicos o extrasensoriales que perturban su capacidad para llevar una vida normal. En ciertos casos, el poder se traduce simplemente en el poder para moverse, existir o sobrevivir en el mundo. Estas personas también pueden ser revolucionarios incomprendidos en su época, ya que su visión va más allá de lo que existe en el presente.

10

El color y los chakras

Los chakras (centros de conciencia) se ubican a distintas alturas del centro del cuerpo. Son vórtices de energía que transmutan las distintas vibraciones incluidas en las bandas de frecuencia. Cambian de color con bastante rapidez y representan la manera en que un individuo se enfrenta a los retos de la vida. Los colores del cuerpo astral que se encuentran próximos a los chakras tienen relación con el pasado reciente o con el futuro, en función de la naturaleza del chakra en cuestión. A menudo hay toda una variedad de colores dentro del chakra o en el campo próximo al mismo, y las pautas de estos colores pueden interpretarse como cualidades de la energía. Su ubicación dentro de un aura revelará la manera en que el individuo está aplicando estas energías en ámbitos diversos de la vida, entre los que se incluyen la salud física, afectiva, mental y espiritual.

Cada uno de estos centros básicos concierne a un área determinada de la vida, que puede estar relacionada con el estado físico, emocional, mental o espiritual. Cada uno rige un aspecto del cuerpo físico en asociación con una glándula endocrina, el cuerpo etérico a través del sistema nervioso en asociación con un plexo nervioso, y el cuerpo astral a través del color. Conocer en profundidad las funciones de cada chakra sirve para comprender el estado físico, psicológico y espiritual de un individuo. Constituye una parte esencial de la labor sanadora así como de la videncia. ¡Un pequeño esfuerzo cunde mucho cuando se trabaja con las energías de los chakras!

A efectos de simbolismo, existe una relación entre la progresión de los colores del arco iris y cada chakra, aunque dentro de un chakra cualquier color puede ser normal, ya que describe las energías expresadas en ese momento en la vida de alguien.

Las asociaciones básicas de los chakras

Chakra	Glándula endocrina	Plexo nervioso	Color	Nota musical
Raíz	Suprarrenal	Coccígeo	Rojo	Do
Sacro	Gónadas	Sacro posterior	Naranja	Re
Plexo Solar	Bazo, páncreas	Plexo solar	Amarillo	Mi
Corazón	Timo	Cardiaco	Verde	Fa
Garganta	Tiroide, paratiroide	Braquial	Turquesa	Sol
Tercer ojo	Pituitaria	Sistema nervioso simpático	Añil	La
Corona	Pineal	Sistema nervioso parasimpático	Violeta	Si

A continuación expongo cierta información básica sobre la naturaleza de cada chakra. Si eres capaz de ver los colores de los chakras, ya sea con los ojos abiertos o cerrados, podrás interpretar ese color que ves y saber cómo aprovecha esa persona la energía del chakra en la vida. La ausencia de color en un chakra puede ser buena o mala. Los colores reflejan solo lo que hay, ¡y cambian cuando la persona cambia la actitud que crea ese color! Al no haber un concepto de normalidad o perfección, no hay necesidad de que una persona tenga el color asociado al chakra dentro del que aparece, por ejemplo, el rojo en el chakra raíz. Somos individuos complejos y nuestras emociones cambian con frecuencia. Lo que nos interesa obtener es claridad de color, junto con una forma equilibrada y un flujo ordenado dentro del campo astral coloreado.

 Chakra de la corona: violeta

 Chakra del tercer ojo: añil

 Chakra de la garganta: turquesa

 Chakra del corazón: verde

 Chakra del plexo solar: amarillo

 Chakra sacro: naranja

 Chakra raíz: rojo

CHAKRA RAÍZ (YO)

Ubicación: el chakra raíz se extiende justo desde debajo del hueso púbico hasta aproximadamente la mitad de los muslos. Tiene la velocidad de rotación más lenta de todos los chakras y atañe a nuestra supervivencia en esta vida.

Ámbito: el centro raíz indica el ciclo evolutivo del individuo. Cada ciclo dura dos años y medio más o menos y tiene relación con una serie específica de experiencias de aprendizaje por las que el individuo debe pasar. Además, indica aquello del exterior que esta persona atrae.

Función psíquica: plano físico, supervivencia.

Glándula endocrina: las glándulas suprarrenales se sitúan encima de los riñones, a media altura de la espalda. Rigen la faceta reactiva de supervivencia (pelear-o-escapar) en el mundo físico. Este es el único chakra en el que la glándula endocrina no se encuentra directamente encima de la zona física del mismo.

Plexo nervioso: plexo sacro posterior, que regula los nervios del intestino grueso, responsable de la eliminación de residuos sólidos; en este caso tendrá relación con la eliminación de cosas que ya no son útiles y con superar situaciones.

Psicológico: si eres capaz de ver los colores astrales, entonces cualquier color presente en este chakra, sea cual fuere, describirá en detalle los tipos de experiencias que esa persona atrae. El chakra dice mucho también sobre la constitución básica de la salud del individuo. Si el chakra es grande, fuerte y está lleno de energía, entonces la constitución del individuo es fuerte; si es débil, la persona tiene una constitución vulnerable. El estado de su energía también indica lo estable y realista que es esa persona.

Color: el color rojo mantiene una relación metafórica con este chakra al representar el rojo la energía pura. Es la frecuencia de vibración más baja del espectro, y es un color cálido, denso y físico. Además representa la reacción «pelear-o-escapar» y la irritabilidad nerviosa. Demasiado rojo puede estimular en exceso.

Palabra clave: supervivencia física.

El color rojo en cualquier chakra

Rojo en la raíz: gestionar las reacciones de rabia mientras se atraviesa por un ciclo sensible, levantarse y hacer algo, ser más espontáneo.

Rojo en el sacro: rabia y frustración, cuestiones relativas al yo y los demás.

Rojo en el plexo solar: irritabilidad e impaciencia ante las circunstancias.

Rojo en el corazón: deseos frustrados relativos a la capacidad de cambiar la vida de una persona.

Rojo en la garganta: frustración con tu propia autoexpresión.

Rojo en el tercer ojo: inconvenientes ocasionados por las drogas.

Rojo en la corona: una situación en el futuro que enfadará a esta persona.

CHAKRA SACRO (NOSOTROS)

Ubicación: el chakra sacro se ubica entre el ombligo y el hueso púbico.

Ámbito: rige las relaciones.

Función psíquica: el plano físico o la supervivencia de las especies a través de la reproducción y las relaciones.

Glándula Endocrina: las gónadas (ovarios femeninos y testículos masculinos). Estas glándulas aseguran la perpetuación de las especies. Además, definen nuestro ser fisiológico e influencian nuestras funciones sociológicas y actividades, incluida la manera en que nos relacionamos con nuestro «yo» y cómo se relacionan los demás con nosotros.

Plexo nervioso: plexo sacro anterior, que regula los órganos generativos así como la función de la vejiga.

Psicológico: nuestra manera de desenvolvernos en las relaciones es la clave para un crecimiento personal y nuestra productividad en la vida. Este centro refleja cómo nos relacionamos con nuestra identidad de género. Refleja también nuestra capacidad de desarrollar un sentido práctico creativo en nuestra vida cotidiana, así como la capacidad emocional para hacer frente al mundo y dejar atrás problemas emocionales de forma conveniente.

Color: el naranja es el color de la ambición, la política y la negociación, del apetito y la motivación.

Palabra clave: relaciones. Este centro rige y refleja en primer lugar la relación con nuestro yo y luego toda la gama de relaciones que mantenemos con los demás.

El color naranja en cualquier chakra

Naranja en la raíz: periodo de tiempo para desarrollar la ambición y la motivación, trabajo en grupo.

Naranja en el sacro: aprender diplomacia y habilidades negociadoras en las relaciones.

Naranja en el plexo solar: diplomacia y negociación activas en el lugar de trabajo.

Naranja en el corazón: deseo de trabajar con gente y representar a otras personas en grupos.

Naranja en la garganta: hablar desempeñando un papel en la defensa de los demás o de uno mismo.

Naranja en el tercer ojo: ambición espiritual.

Naranja en la corona: desarrollo de nuevas ambiciones, trabajo en grupo.

CHAKRA DEL PLEXO SOLAR (YO DESEO)

Ubicación: el centro del plexo solar se ubica en el tejido blando situado sobre el estómago, justo debajo del esternón.

Ámbito: el centro del plexo solar rige la toma de decisiones.

Función psíquica: plano afectivo, clarisensibilidad —la capacidad de percibir sensaciones claras en el ámbito de la videncia—; por ejemplo, percibir líneas de alineación en lugares sagrados y energías terrenales, o reproducir sensaciones físicas ajenas en el propio cuerpo.

Glándula endocrina: páncreas y bazo. El páncreas regula el equilibrio de los azúcares presentes en la sangre. El bazo cumple una función inmunológica y acumula glóbulos rojos. La conexión entre estas glándulas y el chakra del plexo solar depende de la manera en que aproveche el cuerpo la energía.

Plexo nervioso: plexo solar, que regula los órganos de la digestión.

Psicológico: la producción y uso de energía se relacionan con la manera de digerir la información. El modo en que tomamos decisiones depende de cómo absorbemos la información, la dividimos en componentes y decidimos qué hacer con ella; por ejemplo: almacenarla, utilizarla o eliminarla.

Color: el amarillo es el color que se relaciona con los procesos mentales, la creación de listas y el análisis.

Palabras clave: toma de decisiones, opciones elegidas en el día a día.

El color amarillo en cualquier chakra

Amarillo en la raíz: periodo de tiempo en que existe la necesidad de considerar todos los sistemas, trámites y finanzas en la vida, así como el tiempo de aprendizaje y estudio.

Amarillo en el sacro: desarrollo de la comprensión de necesidades personales a través del análisis y la confección de listas.

Amarillo en el plexo solar: enfoque alegre y analítico de las cosas, aprendizaje de habilidades nuevas en el lugar de trabajo, estudio.

Amarillo en el corazón: deseo de estudiar, deseo de más alegría en la vida.

Amarillo en la garganta: expresión mediante datos y lógica.

Amarillo en el tercer ojo: reestructurar la mente.

Amarillo en la corona: estudio, trámites o asuntos legales en el futuro.

CHAKRA DEL CORAZÓN (YO SIENTO)

Ubicación: el chakra del corazón se halla debajo del centro del esternón, en medio del pecho.

Ámbito: rige la relación con el yo, la percepción del objetivo personal en la vida y la empatía.

Función psíquica: plano afectivo, empatía, comprensión de los sentimientos y motivos ajenos.

Glándula endocrina: el timo segrega y acumula linfocitos, responsables de una gran parte de la respuesta inmunológica del cuerpo.

Plexo nervioso: cardiaco. El plexo cardiaco regula la función cardiaca y pulmonar. No podemos vivir sin oxígeno; la respiración y la función cardiaca van de la mano a la hora de proporcionar fuerza vital a través del cuerpo físico, posibilitando la vida.

Psicológico: sentirse bien crea inmunidad; sentirse mal crea vulnerabilidad, tanto emocional como física. La circulación de la fuerza vital es algo más que un fenómeno físico. El aire lleva algo más que el oxígeno de esa fuerza vital; también traslada al cuerpo la carga electromagnética solar, que se pone en circulación a través del cuerpo etérico, posibilitando tanto la función nerviosa como la acumulación de vitalidad. La voluntad de tener un objetivo y una dirección en la vida es una cuestión espiritual y psicológica que se traduce en actividad física. Sentir compasión por uno mismo y por los demás ayuda en el proceso de toma de decisiones.

Color: el verde es el color de la naturaleza, los cuidados y la confianza.

Palabras clave: conexión con el yo verdadero, equilibrio.

El color verde en cualquier chakra

Verde en la raíz: un periodo de actividad intensa en el que la confianza en uno mismo es primordial, durante el que necesitas aprender a delegar y ser más equilibrado a la hora de satisfacer tus propias necesidades.

Verde en el sacro: amistad, el aspecto más importante en este momento, en cuanto a ti y los demás.

Verde en el plexo solar: planteamientos prácticos ante las dificultades materiales, cuestiones de seguridad a la hora de tomar decisiones, desarrollo de la confianza en uno mismo.

Verde en el corazón: deseo de una familia, deseo de avanzar o de decorar una propiedad.

Verde en la garganta: hablar en nombre de los demás, enseñar.

Verde en el tercer ojo: deseo de nuevas actividades.

Verde en la corona: tratar temas familiares o materiales o avanzar hacia el futuro.

CHAKRA DE LA GARGANTA (YO EXPRESO)

Ubicación: el chakra de la garganta se localiza en la garganta, así de sencillo.

Ámbito: rige la autoexpresión, el habla y la actividad creativa conceptual.

Función psíquica: plano mental, clariaudiencia: la capacidad de oír con claridad voces de espíritus, como si se hallaran cerca y te hablaran al oído.

Glándulas endocrinas: glándulas tiroides y paratiroides. La glándula tiroide es responsable del desarrollo de características sexuales secundarias en la madurez. Actúa también determinando el ritmo de los procesos metabólicos. Estas glándulas regulan la cantidad de calcio presente en la sangre. El calcio es necesario para tener unos huesos fuertes así como para la capacidad reactiva nerviosa.

Plexo nervioso: braquial. El plexo braquial es responsable de los brazos y el cuello.

Psicológico: el cuello nos permite ampliar nuestro campo de visión; nuestros brazos y manos nos permiten manipular el entorno. La capacidad de reflexionar sobre las experiencias, de asimilarlas como propias y tener el valor de comunicarlas a los demás es necesaria para madurar y comprenderse a uno mismo. Este proceso va asociado a nuestra función tiroidea. En sentido metafórico, la función paratiroide tiene que ver con la creación de estructuras adecuadas que permitan aplicar acciones convenientes. Tanto los pensamientos como las palabras pronunciadas estructuran la actividad.

Color: el turquesa es el color de la libertad de expresión y el amor al lenguaje.

Palabra clave: autoexpresión.

El color turquesa en cualquier chakra

Turquesa en la raíz: un periodo de cambio, animarse, expansión, exploración y asunción de riesgos, viaje y personas extranjeras en la vida.

Turquesa en el sacro: necesidad de ampliar el contexto social, conocer gente nueva y situar problemas de comunicación en primer plano.

Turquesa en el plexo solar: hacer cambios de manera activa y asumir riesgos en áreas de la vida relacionadas con el trabajo.

Turquesa en la garganta: deseo de viajar, estar de mejor humor.

Turquesa en el corazón: deseo de ser más comunicativo y creativo.

Turquesa en el tercer ojo: buscar nuevas experiencias, visión para intentar maneras nuevas de ser optimista.

Turquesa en la corona: próximo periodo de cambio y de expansión juguetona.

CHAKRA DEL TERCER OJO (TENGO VISIÓN)

Ubicación: se localiza en la frente, entre los ojos.

Ámbito: el centro del tercer ojo rige la visión interior, la creación de imágenes y la imaginación.

Función psíquica: plano mental, clarividencia: la capacidad para ver con claridad, percibir imágenes, pautas y colores. Denota también comprensión: «¡Lo veo!».

Glándula endocrina: pituitaria. La pituitaria es la glándula principal, segrega hormonas para controlar funciones del resto de glándulas endocrinas.

Plexo nervioso: sistema nervioso simpático. Es el responsable de estimular de forma involuntaria funciones vitales y mecanismos primitivos de supervivencia, incluidas las emociones.

Psicológico: lo que podemos ver determina nuestros puntos de vista, creencias y acciones, y se relaciona con la función de la glándula pituitaria. Nuestra capacidad para ver el color interno, acceder a la memoria mediante imágenes y generar nuevas imágenes o combinaciones de imágenes nos permite una mejor comprensión y nos dota de un impulso creativo para gestionar y manipular nuestro mundo.

Color: el añil es el color del pensamiento profundo, la música, el interés en los misterios y la psicología.

Palabras clave: ver y entender.

El color añil en cualquier chakra

Añil en la raíz: un periodo para establecer prioridades y dejar atrás lo que ya no tiene valor, incluidas relaciones, situaciones y cosas; interés por la psicología.

Añil en el sacro: falta de ilusión por las relaciones, un momento interior para aprender a estar solo.

Añil en el plexo solar: sentarse y ver qué sucede, mantenerse receptivo y profundamente reflexivo y estratégico antes de actuar.

Añil en el corazón: deseo de tranquilidad y paz, deseo de analizar asuntos espirituales.

Añil en la garganta: alzar la voz para hablar en el momento adecuado, capacidad para cantar.

Añil en el tercer ojo: soñar, apertura psíquica, una época para la visión y la apertura de ideas.

Añil en la corona: dejar atrás cosas y actitud más cerrada en tiempos venideros.

CHAKRA DE LA CORONA (YO Y EL PLANETA)

Ubicación: el centro de la corona se eleva verticalmente unos ocho centímetros desde el centro del cerebro.

Ámbito: este centro rige nuestros ciclos de sueño y vigilia, nuestra relación con la luz solar disponible y con el norte magnético de la Tierra. El centro de la corona muestra esquemas de futuras manifestaciones potenciales.

Función psíquica: plano espiritual, intuición o capacidad para percibir la verdad o los hechos sin razonar.

Glándula endocrina: la glándula pineal se ubica en el centro del cerebro, bajo el cuerpo calloso entre el hemisferio derecho y el izquierdo.

Plexo nervioso: sistema nervioso simpático, responsable de aplacar de forma involuntaria funciones vitales y mecanismos primitivos de supervivencia, entre los que se incluyen las emociones.

Psicológico: este es el único chakra vertical y por consiguiente nos conecta con el planeta y las estrellas. En este centro se condensa nuestra capacidad para orientarnos y responder a las sutilezas de la existencia planetaria. Contiene también información extrasensorial sobre lo que va a aparecer en nuestras vidas, fundamentándose en aquello que recogen nuestras formas de pensamiento.

Color: el violeta es el color del poder sobre el cielo y la tierra, y de la existencia mística.

Palabras clave: el futuro, relación con el mundo.

El color violeta en cualquier chakra

Violeta en la raíz: un periodo de transformación en el cual hacer frente a problemas del pasado, profundamente arraigados, que tal vez permanecían ocultos; época para explotar el poder personal y la espiritualidad, pena o duelo.

Violeta en el sacro: transformar la relación con el yo y con los demás optando por estar solo.

Violeta en el plexo solar: establecer límites y buscar polémica.

Violeta en el corazón: deseo de implicarse en prácticas espirituales o retirarse durante un periodo de tiempo.

Violeta en la garganta: buscar el enfrentamiento o bien ser muy circunspecto en la autoexpresión.

Violeto en el tercer ojo: estar inspirado y ser perspicaz, una época llena de sueños poderosos.

Violeta en la corona: separación, un periodo de duelo, pena o aislamiento en el futuro.

Para finalizar...

El funcionamiento adecuado de estos centros y sus respectivas conexiones son vitales para lograr vivir y funcionar con óptimos resultados en el mundo. Un especialista puede ayudarte a limpiar los chakras de bloqueos y llevarte progresivamente a un estado superior de funcionamiento, mediante terapia cromática o bien en combinación con otros métodos de curación de la energía.

11

Desarrolla tu atención al color

Este capítulo te facilitará algunos ejemplos específicos mediante los cuales explorar los significados de los colores y desarrollar tu comprensión de los mismos. Podrás pasar a la acción y hacer cosas prácticas en vez de limitarte a leer textos. Algunos proyectos son más a largo plazo que otros, pero si los tomas como experimentos, desarrollarás a través de la repetición una atención al color que te permitirá aplicarla en la vida diaria y también en la de los demás.

La idea de crear una libreta para la observación del color quizá no atraiga a todo el mundo, pero tal vez tengas esperanzas de trabajar en el mundo de la moda o la decoración o de crear diseños para su uso en publicidad o embalajes.

Si quieres crear una libreta dedicada al color, compra una carpeta de anillas que te permita añadir páginas con facilidad y dividirlas en secciones dedicadas a cada color. Recorta y añade imágenes de revistas que muestren diferentes colores. Toma notas de cosas que escuchas sobre los diferentes colores. Busca los colores complementarios y los asociados, fijándote en los contrastes. Prepara una gráfica con sombras y tintes a partir de un mismo color vivo, y haz dibujos empleando distintas posibilidades. Busca ejemplos de ropa, maquillaje, anuncios de moda, materiales publicitarios, letreros en la calle y decoración, y toma notas al respecto. Relaciona lo que ves con lo que sientes y piensas teniendo en cuenta cada color.

Un color por semana

Concentra la atención en un solo color durante una semana. Cada mañana, obsérvalo durante unos minutos e intenta vestirte a diario empleando ese mismo tono. Compra flores de esa gama, come comida de ese color y bebe agua solarizada con esos rayos cromáticos (consulta el capítulo 15 «Curando con colores»). Fíjate en quién más viste así, y toma nota del grupo de edad, actitudes y puntos de vista. Observa si tus propios sentimientos, sensaciones y estados de ánimo se ven afectados (y en qué manera) por llevar ese color. Apunta estas impresiones en tu diario.

Practica la respiración de algún color (consulta el capítulo 15 «Curando con colores»), ejercicios de saturación ocular (observar un color hasta casi interiorizarlo) y meditaciones con ese color. Luego anota tus experiencias y observaciones. Haz dibujos o garabatos para reflejar tus sentimientos acerca del mismo. No te preocupes por el resultado, limítate a jugar con los crayones, lápices y pinturas y ¡cógele el punto! Deja que se expresen a través de ti.

Dibuja con ese color. Tal vez incluso seas capaz de elegir una música que lo exprese, y si así fuera escúchala mientras te relajas, meditas y dibujas. Los compositores emplean la escala cromática para expresar ideas musicales, y la palabra «cromática» significa «coloreada». Algunos ejemplos podrían ser el rojo para la música marcial, como la que tocan las bandas militares; el rojo también serviría en el caso de la música patriótica. El azul podría corresponder al «blues», al jazz suave, la música clásica de compositores como Debussy y Ravel o bien la música romántica. El amarillo podría representar a Bach o la música electrónica, mientras que el verde cabría identificarlo con la música más sentimental o la música country.

Al finalizar la semana, reflexiona sobre tus experiencias y elabora un resumen de las mismas.

Postimagen del color complementario

Pega un pedazo de papel de color en un fondo blanco. Obsérvalo durante un rato, luego desplaza la mirada a un lado. Verás un color cálido flotando junto al papel. Este es el color astral complementario. Ahora intenta mirar el papel de color; luego cierra los ojos y observa en qué color se trasforma la postimagen. El verde puede sustituir al rojo, o el amarillo puede substituir a otro color. El propósito de este ejercicio es ayudarte a ver el color astral y que experimentes con los colores complementarios.

Sentir los colores

Compra un muestrario de papel artesanal de múltiples colores. Coloca sobre la mesa las hojas de distintos tonos. Cierra los ojos y mueve las manos despacio sobre las hojas de papel, observando cualquier sensación o sentimiento que te provoquen los diferentes colores. Hacer esto sin mirar te ayudará a centrarte en tus experiencias no visuales.

Con los ojos cerrados, sostén cada color delante de cada uno de tus chakras y observa cualquier posible cambio en tus sensaciones o sentimientos en relación con cada color individual. ¡Puedes llevarte una sorpresa!

Hay una historia fascinante sobre una compañía aérea que se encontró ante un índice de pasajeros mareados inusualmente elevado. Algunos directivos de la compañía consultaron con médicos y psicólogos y finalmente llegaron a la conclusión de que la combinación de naranja y color habano utilizada en el interior de la cabina de sus naves era la causante del problema. Cambiaron el esquema cromático empleando varios tonos de azul, ¡y el número de pasajeros mareados descendió de forma drástica!

Ejercicio de meditación con vela

Las llamas de las velas simbolizan la luz del espíritu al elevarse. Aunque la llama sea siempre del mismo tono, emplear velas de color influye simbólicamente en la luz que arde. Al meditar con la vela, empiezas a desarrollar el chakra del tercer ojo y sensibilizas tu visión interior. Este ejercicio te ayudará también a desarrollar la clarividencia, así como la capacidad de ver auras.

Compra velas de todos los colores del espectro. Coloca una vela en una posición en la que arda a la altura de tus ojos, sobre una mesa frente a ti en una habitación a oscuras. Siéntate en una posición cómoda y erguida. Con los ojos cerrados, empieza a respirar hondo, despacio y rítmicamente. Cuando te sientas relajado y centrado, abre los ojos y mira más allá de la llama de la vela, de forma que esta quede en el centro de tu campo de visión. No la contemples directamente; permite que tu mirada observe a través de la vela. Continúa relajándote y contemplando, inspirando la luz y asociándola al color de la vela. Inspira la luz coloreada, hacia tus ojos y nariz, como si la atrajeras hasta el interior de tu cuerpo. Contén la respiración sin que te resulte incómodo y exhala despacio a través de los dientes cerrados, provocando un sonido sibilante, luego repite el ciclo.

Cuando te canses del sonido sibilante o notes demasiada presión alrededor del tercer ojo (en la zona de la frente) exhala por la nariz. Cuando se te cansen los ojos, ciérralos e intenta mantener la intensa postimagen en el centro de tu campo de visión hasta que se desvanezca del todo.

Repite la observación de la vela dos veces más. Al acabar, frótate vigorosamente las palmas de las manos y colócalas ahuecadas sobre los ojos, sintiendo cómo penetra el calor y la energía en los músculos.

Ver auras

Desde que nací soy capaz de ver el aura o campo de energía, y lo cierto es que no puedo desactivar esta habilidad. La mayoría de gente no logra ver los colores del campo energético, pero esta habilidad puede adquirirse con práctica y paciencia. La mayoría de gente consigue ver el campo etérico, que es el resplandor sin color que se percibe extendiéndose aproximadamente diez o doce centímetros desde el cuerpo. Cuando la gente está llena de vitalidad, resplandece con intensidad, pero en personas agotadas parece una neblina de menor tamaño, de un gris borroso.

El campo astral acumula energía en forma de color, y lo que ahora vas a intentar ver es esa capa. Se extiende entre un metro y metro y medio alrededor del cuerpo y tiene forma ovoide. Los colores no son brillantes sino nublados y sutiles, más parecidos a los que ves cuando haces el ejercicio de color complementario y saturación ocular. Por ello, antes de intentar ver el aura, es recomendable practicar ese ejercicio así como la meditación con vela ya que te proporcionarán una idea de lo que deberías buscar.

Ver auras consiste básicamente en un modo especial de enfocar los ojos. Cuando miras un objeto u observas a una persona, la tendencia es emplear la visión convergente de manera que ambos ojos enfoquen un punto. Cada ojo tiene un campo de visión levemente diferente, de modo que al coincidir ambos campos se solapan, añadiendo una pequeña distancia adicional en la periferia. Para ver el aura necesitas emplear la visión divergente, como si los ojos miraran levemente hacia fuera y en direcciones distintas. Esta visión la utilizas de forma natural cuando te centras en algo situado detrás de un objeto. El objeto queda incluido en la imagen general completa, pese a no observarlo directamente. También sucede cuando estás bajo el efecto de substancias y dejas que tu mirada se desenfoque.

Puedes practicar mirando a alguna persona que tengas sentada enfrente de ti. Con la mirada relajada, observa más allá de la persona, a unos veinte o veinticinco centímetros de su cuerpo, en concreto por encima de la cabeza y alrededor de esta, y también sobre los chakras. Tal vez veas un destello de color o empieces a distinguir energías brumosas en movimiento que sugieren algún color.

Mantén la mirada relajada. Al principio verás que el destello de color te deslumbra e intentarás concentrarte en él. ¡Pero eso no funciona! Tal vez ya hayas experimentado esto mismo con el ejercicio de color complementario; habrás notado entonces que tus ojos se desplazan enseguida o que el color se esfuma cuando intentas centrar la mirada. Procura no frustrarte ni tirar la toalla. Al fin y al cabo, desde que eras niño has enfocado el mundo con tu visión convergente, así que necesitarás cierta práctica para ampliar la manera de usar los músculos oculares. Una vez empieces a ver los colores, resultará más fácil descubrir otros detalles y podrás relajarte. El siguiente paso es interpretar lo que ves, y para ayudarte en el proceso podrás consultar los capítulos relevantes de este libro.

Trabajo artístico

Compra una serie de tubos de acuarelas o témperas, pinceles y una paleta. Pinta un cuadrado sobre una hoja de papel blanco empleando un color intenso. A su derecha, diluye progresivamente el color con agua, dando pinceladas y volviendo a diluirlo hasta que apenas se distinga. Estos colores cada vez más pálidos se llaman tintes.

En ese mismo lado derecho repite el proceso, pero esta vez diluye su saturación e intensidad añadiendo blanco progresivamente hasta que el color quede blanco. Repite una vez más el proceso a la izquierda del color intenso que has pintado, pero ahora añadiéndole negro progresivamente. La adición de blanco o negro crea sombras.

Pon nombre a tus sombras y tintes. Esto te ayudará a ser sensible a las diferencias en los colores secundarios —por ejemplo, naranja rojizo o rojo anaranjado— y la manera en que cambian al mezclarlos con blanco o negro. Observa cómo te relacionas con el impacto físico y psicológico de tales colores.

Jugar con mezclas de colores

El color invade tu mundo, y hay ciertos colores que te atraen o repelen. El color influye en lo que compras y en cómo percibes y juzgas a los demás. Las empresas de publicidad y *marketing* han investigado a fondo la psicología del color. Por ejemplo, un libro que no se ha vendido bien con una cubierta de un color concreto podría venderse mejor con otra de color diferente. Del mismo modo, los fabricantes cambian en ocasiones el color para sus versiones «nuevas y mejoradas». El mensaje nos llega primero visualmente, luego a través de las palabras del anunciante. Cada matiz cromático nos envía un mensaje y describe estados de ánimo. Cuando queremos entender algo en profundidad, buscamos los «matices de significado».

Al observar las mezclas de colores y sus matices nos interesa descomponerlos en sus colores primarios y advertir si se ha añadido blanco o negro.

Por ejemplo: albaricoque

Contiene: Naranja = Amarillo + Rojo.

Tinte: Albaricoque = Amarillo + Rojo + Blanco.

Sombra: Naranja oscuro = Amarillo + Rojo + Negro.

Es importante fijarse en que, como ya hemos explicado, el naranja puede ser más rojizo o más amarillento, y esto quiere decir que el color primario más influyente en la mezcla es el que domina el resultado del color secundario.

Pautas para entender las mezclas

Los colores no son buenos ni malos. Denotan estados energéticos que son activos y extrovertidos o bien receptivos e introvertidos. Todos somos capaces de evaluar si un color empleado en un momento dado es el adecuado o no para su propósito.

- Los colores fuertes y saturados —tanto primarios como secundarios— son extrovertidos y activos, por ejemplo, el rojo camión de bomberos o el amarillo girasol.

- Cuando interpretamos el significado de un color, el color dominante de la combinación secundaria se vuelve más influyente, como sucede por ejemplo en el naranja rojizo.

- Al añadir blanco o negro se diluye progresivamente un color hasta que el blanco o el negro lo absorben por completo.

- Cuando a un color saturado se le añade blanco, el impacto psicológico es más inocente, etéreo o insípido.

- Cuando a un color saturado se le añade negro, el impacto psicológico se vuelve más consistente, cargado y contenido.

12

Vestida para triunfar

En este mundo tan pendiente de la moda en que nos ha tocado vivir, no solo el estilo sino también el color comunican muchísima información sobre nosotros a los demás.

Tendemos a dedicar bastante tiempo a seleccionar y comprar nuestra ropa, y a escoger qué ponernos en ocasiones concretas. Para nuestras tareas cotidianas utilizamos prendas que son diferentes a las que vestimos para ir de viaje, ir a trabajar o asistir a un acontecimiento distinguido. Todos tenemos nuestra particular zona de confort en lo referente a los colores que decidimos ponernos o no.

Tu experimento personal con el color

Mantén papel y boli a mano cuando hagas este ejercicio de visualización.

Siéntate cómodamente y visualiza tu ropero. En tu imaginación, repasa la ropa colgada ahí. ¿Cuáles son los colores dominantes? ¿Qué tonos faltan? A continuación, mentalmente mira dentro de cada cajón de tu cómoda y observa qué colores predominan y mira también si, de nuevo, falta algún color.

Ahora, imagina que colocas todas tus prendas en tres pilas:

- Ropa deportiva.

- Ropa de trabajo.

- Ropa de calle, tanto semiformal como formal.

En tu imaginación, cuando repasas tu vestuario, ¿descubres alguna pauta en lo referente a colores?

¿Hay alguna diferencia entre los colores de tu vestuario de verano y los de invierno?

Bien, teniendo en cuenta esta información, abre los ojos y apunta tus impresiones.

¿Qué aprecias en la gama de colores de tu ropero? Consulta los significados de esos tonos y deduce los mensajes que estás enviando sobre esas zonas de la vida. Escribe todas estas apreciaciones junto a tus notas. Considera si las señales que envías son las que pretendes enviar o quieres enviar. Lo creas o no, puedes elegir los mensajes que transmites mediante una elección consciente de los colores que vistes.

Vestuario de impacto

A menudo cada una de tus actividades se identifica con una gama diferente de colores. Esto ya se refleja en tu vestuario.

- Las prendas de fiesta por lo general son más luminosas porque sales con la intención de pasarlo bien.

- La ropa formal por lo general es negra, con acentos de algún color vivo.

- Para una imagen sofisticada, los colores discretos de cualquier tono funcionan mejor que los estampados.

Algunos consejos sencillos que debes considerar al elegir el color:

- Si quieres que te vean como una persona seria, viste colores oscuros.

- Si quieres proyectar un mensaje más joven y frívolo, ponte tintes pastel.

- Se quieres transmitir energía y optimismo, utiliza colores llamativos y saturados.

Cuidado, te puedes quemar, cariño

Los colores cálidos son los rojos, amarillos y naranjas. Todos ellos son estimulantes, dinámicos y extrovertidos. Estimulan la interacción y la actividad externa. Esto es aplicable tanto si es un color saturado, una sombra o un tinte. El rojo y el rosa fosforito suelen considerarse colores sexis.

Sangre fría

Los colores fríos son los azules y los violetas, que son receptivos e introvertidos. Estimulan la introspección, una noción más reservada del espacio personal y el autocontrol. Son colores estupendos para vestir a un niño pequeño ya que promueven la calma.

Juego igualado

El verde es el color del equilibrio ya que combina el amarillo cálido y el azul frío. La proporción de amarillo y azul determinará si el verde es más estimulante o más calmante. El verde puede considerarse un color que fomenta el equilibrio.

Colores y diseños

Los tejidos pueden ser lisos o estampados. Los estampados pueden ser geométricos, irregulares o florales; dan interés al tejido y ofrecen la oportunidad de emplear más colores. Los estampados textiles pueden generarse a partir del diseño de fabricación de la tela, como el jacquard, la espiguilla o los cuadros escoceses, o bien mediante la impresión sobre un tejido liso. Algunos tejidos combinan diseños geométricos y florales, encontrándolos a menudo en la ropa de «estilo étnico». Los diseños con colores fuertes y llamativos resultan recargados y extrovertidos, el mensaje que transmiten dice: «¡Mírame!». Los diseños geométricos dan una imagen más directa y estructurada. Y los florales son más femeninos, incluso cuando los colores son llamativos y vivos en vez de sutiles. Los estampados pequeños comunican un mensaje de atención al detalle y la sutileza, mientras que los grandes y atrevidos mandan un mensaje de firmeza y un enfoque extravagante.

Observa con atención las combinaciones de colores y diseños en tu propio vestuario para determinar qué mensaje estás transmitiendo.

Colores para dar énfasis

Usando colores vivos o pastel puedes personalizar hasta el estilo más conservador y transmitir tu propio mensaje. Por ejemplo, en una entrevista de trabajo es necesario tener en cuenta qué clase de mensaje deseas comunicar. Si tu traje azul marino proyecta una imagen conservadora, podrías ampliar el mensaje eligiendo una de las siguientes camisas:

Flores, pastel: femenino.

Pastel discreto: conservador.

Color liso, fuerte: firme y seguro.

Camisa blanca o camisa a rayas: poderoso y masculino.

Estampado geométrico y llamativo en colores variados: individualista.

Si llevas corbata o bufanda, servirán estas mismas categorías. Al llevar un traje azul marino y una camisa pastel, transmites una imagen conservadora y mesurada, pero añadiendo una corbata o bufanda de llamativo estampado geométrico, con sombras azules y tintes azules, estás diciendo además que eres lógico y que tienes tu propio estilo individual.

Por consiguiente, considera la ocasión y el mensaje que deseas transmitir.

Los uniformes significan empresa

Los uniformes existen para que las personas no sean consideradas individualmente sino como parte de un grupo. El uniforme presenta una imagen corporativa. Es frecuente encontrar uniformes con los colores enumerados a continuación. Su uso puede ser consciente o inconsciente, tanto en atuendos formales como trajes o ropa informal, como la confeccionada en tela vaquera.

Elige de la siguiente lista qué imagen quieres proyectar conscientemente en entrevistas de trabajo o reuniones de empresa donde deseas causar una impresión determinada.

- **Marino:** es el color usado más frecuentemente por financieros, agentes de policía y abogados. El azul simboliza el esquema conceptual más elevado del universo, y la sombra oscura del azul acentúa esa expresión. El marino transmite el mensaje «Puedes confiar en mí porque veo lo que está pasando aquí y sé manejar la situación».

- **Negro:** es el color más utilizado por el clero y por los intérpretes de música clásica. Transmite un mensaje de conexión con el gran misterio de la vida. La propia persona queda oculta. El negro además disimula los defectillos y desproporciones que conlleva la edad, y al ser completamente absorbente, ofrece un mensaje de sabiduría especial y poder oculto. ¡Piensa en los vestiditos negros de fiesta!

- **Blanco:** es el color más frecuente entre la profesión médica, los científicos de laboratorios y el personal de hostelería. Es el color de la pureza, transmite limpieza y un orden impecable. Comunica un mensaje fresco, divino e intocable.

- **Gris:** es el color favorito de los burócratas y gestores, ya que es neutro y opera como cortina de humo tras la que ocultarse para que nadie pueda «ver tus cartas». No transmite el mismo sentido dramático que el negro o el blanco, por lo que resulta eficaz en las negociaciones, sobre todo en situaciones en las que no deseas mostrarte amenazador.

- **Marrón:** es el color de la seguridad. Es realista, levemente oculto, pero simboliza a alguien práctico capaz de hacer las cosas.

- **Estampado:** los trajes estampados son utilizados con frecuencia por agentes comerciales ya que su activo diseño mantiene en movimiento la energía entre ellos y el cliente. Esta noción se aplica también a las chaquetas deportivas en tweed o cuadros escoceses, como por ejemplo los que llevan los maestros. Se consideran atuendos un poco más informales, pero que estimulan el diálogo.

Tú y tus colores

Ahora ya puedes seleccionar de forma consciente los colores que deseas emplear para objetivos específicos. ¡En invierno puedes ponerte calcetines rojos para calentarte los pies! Puedes resaltar un elemento brillante, positivo y confortable si incluyes tonos cálidos en tu vestimenta. Transmitirías una buena aptitud colaboradora para trabajar en equipo si eligieras vestir verdes y marrones. Darías impresión de persona controlada, flemática y segura vistiendo de azul. También puedes utilizar la ropa para desarrollar facetas de tu naturaleza que no has expresado aún.

Gustos y aversiones

Si encuentras que no hay ninguna prenda de un color concreto en tu vestuario, y si crees que ese color no te gusta, estás demostrando que tienes un problema con las cualidades energéticas que representa. Incluyendo conscientemente algunos artículos de ese color en tu vestuario, como algunos acentos coloridos en estampados y accesorios, comenzarás a ponerte en contacto con la energía del color. Como comprobarás, resulta muy terapéutico.

Igual adviertes que, pese a contar con objetos de esa gama en tu entorno, tal vez no existan en tu ropero. Las ropas representan un reflejo directo de nuestra conexión con nosotros mismos. Por otro lado, nuestro entorno, aunque esté relacionado con nuestra expresión personal, está un poco más alejado de nuestra percepción personal del yo.

Elige colores que te sienten bien

Todos los tonos de piel se sitúan dentro de la gama del amarillo o del azul. Las personas cuya tez tiene una base amarilla están mejor con tonos azules, y a la gente con base azul le sientan mejor los tonos amarillos. Piensa en los cumplidos que has recibido al ponerte cierto color. Considera cuántos artículos de ese tono tienes en el ropero ¡y si debiera haber más! Algunos colores chupan el color de la cara. Depende mucho de tu color de piel, pero el del cabello y el de los ojos influye también.

- Al cabello moreno, ojos oscuros y piel morena le quedan bien los colores vivos y saturados y los tonos pastel.

- Al cabello moreno, ojos claros y piel pálida le quedan bien los colores vivos.

- Al cabello rubio, ojos oscuros y piel morena le quedan bien las sombras.

- Al cabello rubio, ojos claros y piel pálida le quedan bien los tonos pastel.

Piensa en cómo te sientes con los colores que vistes. Si no estás a gusto con determinados colores, puedes cambiarlos para intentar sentirte mejor. En otras palabras, establecerás una mayor armonía entre tu percepción de quién eres en ese momento en el tiempo y cómo deseas interactuar con el mundo.

Si quieres que los demás perciban tu verdadera personalidad, ¡escoge colores que transmitan el mensaje correcto!

Las personas son los colores que escogen

Todos nosotros observamos a la gente, lo admitamos o no. Es una faceta natural de nuestra estrategia de supervivencia y a menudo un impulso inconsciente. De hecho, gran parte de la información que percibimos sobre los demás es recogida de modo subconsciente, circunvalando lo que podrían llamarse nuestras facultades mentales normales. ¡Esto es porque no podemos procesarla al instante! La información que recibimos es una mezcla de lenguaje corporal, tono de voz, olor y contacto físico como apretones de mano o toques casuales. También advertimos el contacto visual y los movimientos oculares, además del color de ojos. Advertimos el tono de maquillaje de una persona así como el de la ropa que viste o el modo en que ha decorado su espacio personal.

El color tiene que ver con la expresión personal. Nos cuenta cosas tanto de la autoestima o seguridad de una persona como de la imagen que intenta proyectar. Al fin y al cabo, todos vamos con cautela a la hora de comprar ropa o escoger lo que vestir a diario. Si conoces bien a una persona, lo más probable es que sepas distinguir la gama de colores que viste habitualmente. Puedes identificar muchas cosas de su personalidad en función de su elección cromática. Tal vez descubras que hay diferentes gamas de colores en función de la clase de actividad en la que la persona está involucrada. Por ejemplo, la ropa deportiva y de ocio tiende a ser brillante; el atuendo formal puede ser más oscuro o más llamativo; la ropa de trabajo suele ser más apagada según el tipo de oficio o si la persona puede elegir esa ropa de trabajo. Si alguien trabaja en situaciones peligrosas en que la visibilidad es importante, a menudo es necesaria una chaqueta reflectante de color rojo, naranja o amarillo.

Mientras observas a tus amigos, seres queridos o compañeros de trabajo, toma nota de cualquier cambio en los colores que llevan, y analiza qué te están comunicando sobre los cambios en sus vidas. ¿Cuán conscientes son de estos cambios en los colores que visten?

Gracias al conocimiento de tus colores, podrás evaluar el estado de ánimo, los motivos y la conciencia de una persona.

Hazte las siguientes preguntas:

1. Qué colores vestirías para causar una buena impresión en las siguientes situaciones:
   • Una entrevista de trabajo para una empresa de publicidad.
   • Una entrevista de trabajo realizada como ejecutivo.
   • Una cita para ligar.
   • Una paseo vespertino por la ciudad.

2. Qué colores vestirías para:
   • Estar sexi.
   • No intimidar.
   • Transmitir poder y seguridad.
   • Parecer más delgado.
   • Causar impacto.
   • Desaparecer.

3. Si quisieras realzar una parte de tu cuerpo vistiendo un color, ¿qué tono y gama escogerías?

4. Si quisieras ocultar una zona específica de tu cuerpo vistiendo un tono o color específico, ¿cuál escogerías?

13

Decoración

Vivimos en una época privilegiada en la que no sabemos valorar merecidamente el color en nuestro entorno. En épocas pasadas, el color representaba poder. Los colores originales empleados en vestimentas y decoración provenían de depósitos minerales coloreados o eran de origen vegetal. Solo quienes gozaban de poder y posición podían permitirse ropajes, joyas y palacios adornados con color y metales labrados como oro, plata, cobre y bronce.

Este privilegio abarcaba también la decoración en salones de actos públicos donde el color se empleaba para resaltar la ceremonia, buscando crear impacto. Colores oscuros con acentos llamativos en paredes, suelos, mobiliario y cortinas, junto con abundante metal y luz artificial, creaban el dramatismo necesario para impresionar y poner de manifiesto la riqueza y poder del dirigente.

El pueblo llano se vestía con prendas de colores que teñía mediante los vegetales que tenían a mano; cuanto más pobre, menos color exhibía su ropa. Cada época ha tenido sus propias combinaciones de color preferidas, simbolizando la expansión o el declive de la economía:

- Durante la Edad Media, el rojo fue símbolo de valentía y pureza.

- En el siglo diecisiete estaban de moda los tonos pastel.

- En el siglo dieciocho, la llegada del comercio señaló la incorporación de los objetos decorativos de influencia extranjera, que se promovió aún más durante el siglo diecinueve.

- El siglo diecinueve y el florecimiento de la Revolución Industrial llevó la decoración a los hogares de la pujante clase media.

Posteriormente, en el siglo diecinueve se produjo una explosión de estilos cambiantes, resultado en parte de las diversas influencias vigentes en la época y de los avances en la creación de tintes inorgánicos. Esto hizo realidad los lilas del *art nouveau*, los tonos terrosos del movimiento artístico inglés Arts and Crafts, los exóticos colores irisados importados de Oriente y el aspecto industrial de líneas elegantes propio del movimiento modernista con su paleta monocromática. La llegada de la iluminación eléctrica y los tintes artificiales cambió lo que veía la gente y su manera de relacionarse con el entorno. Los nuevos tintes sintéticos de anilina influenciaron las modas en cortinajes, alfombras y decoración en general así como en la ropa. Respecto al color, prácticamente todo era posible y quedó disponible para el ciudadano de a pie.

Durante el siglo veinte, la riqueza empezó a distribuirse de manera más equitativa, había más productos disponibles, la gente incorporó la movilidad a su vida y el sentir de la sociedad estaba cada vez más influenciado por la publicidad. El comienzo de siglo fue una época de tonos pastel y colores florales. Los años veinte se recuerdan por la introducción del beis junto a relucientes materiales pálidos, las brillantes superficies de líneas elegantes decoradas con metales y la iluminación indirecta. Los colores en tiempo de guerra eran más tenues, con acentos brillantes. El rosa se convirtió en el color de la posguerra, así como los fuertes tonos resplandecientes de las joyas. Los años sesenta y setenta aportaron combinaciones llamativas de color junto a todo tipo de experimentación con tejidos sintéticos. Nos encontramos ahora en una época en la que se mezcla lo viejo y lo nuevo, un tiempo para experimentar con el color a gran escala. Todos somos reyes y reinas en lo que a elegir colores se refiere. Con tantas opciones disponibles, resulta extraño que los hogares supuestamente elegantes que aparecen fotografiados en los suplementos de fin de semana muestren siempre blanco sobre blanco sobre blanco... Qué aburridos, pero probablemente sean más fáciles de fotografiar que los de color.

Consideraciones fundamentales

Cuando decoras un espacio, es fundamental evaluar algunas cuestiones que te ayudarán a escoger los colores. Considera el espacio en sí mismo: su forma, su función y la exposición a la luz natural. El color tiene un impacto psicológico, así que tener presentes estos aspectos al elegir los colores ayudará a reducir el estrés en ese ambiente, evitar accidentes o dar alegría al espacio. ¿Te gustaría adoptar algún motivo de época, basándote tal vez en la antigüedad de la vivienda o una preferencia personal? Son el tipo de cosas que debes tener en cuenta.

La luz y la oscuridad constituyen la expresión definitiva en decoración: crean o rompen el color y los diseños de una estancia, dan dramatismo y en definitiva su importancia es tremenda desde un punto de vista práctico. Tanto si usas luz blanca como bombillas de color, iluminación directa superior, fuentes lumínicas indirectas o lámparas, el ambiente de un espacio siempre se verá afectado por la iluminación.

Evalúa qué proporción de la estancia queda expuesta a la luz natural durante el día. Dependiendo de si está la habitación orientada hacia el este o hacia el oeste es posible que reciba luz del sol únicamente por la mañana o por la tarde. La luz cambia de modo radical la apariencia de los colores. También tiene importancia la forma de la estancia, ya que la luz incide con un ángulo más pronunciado en algunas zonas según la posición de ventanas, puertas y huecos. Es interesante tener en consideración todo esto sin olvidar el cometido de la habitación, ya que si manipulas con ingenio los colores lograrás que un espacio parezca más o menos amplio.

- Los colores cambian de aspecto con la luz artificial.

- La luz fluorescente nórdica tiene un rasgo azulado. La mayoría de iluminación fluorescente presente en tiendas, fábricas y oficinas se denomina «diurna», y tiene un matiz naranja amarillento. Es intensa y estimula la eficiencia.

- Los hogares emplean tubos fluorescentes blancos, más cálidos. El espectro de esta luz tiende hacia frecuencias entre el naranja y el rosa, con resultados cromáticos pobres.

- Las bombillas de tungsteno tienen un fuerte atributo rojizo.

- Las velas desprenden una luz rosa amarillenta o albaricoque que resulta muy favorecedora.

Conceptos básicos sobre el color

- Los colores cálidos avanzan, y como resultado se comen espacio.

- Los colores fríos retroceden y dan más sensación de amplitud.

- Cuanto más intenso es un color, más lo percibimos.

- Emplear demasiados colores desequilibra sus efectos.

- Las superficies metálicas o de acabados brillantes atraen la vista, intensificando los colores.

- Escoge un motivo cromático que vincule todos los elementos del espacio entre sí.

- Si no estás seguro sobre la decoración a elegir, limítate a cuatro colores como mucho por estancia, incluyendo el blanco de la pintura o los marcos de ventanas de vinilo.

Consulta tu círculo cromático

- Los colores opuestos o complementarios se realzan entre sí, cobran intensidad y resplandecen en contraste unos con otros.

- Los colores próximos en el círculo cromático son armoniosos pues comparten elementos que hacen que funcionen bien juntos. La combinación rojo-azul-morado sería un ejemplo, igual que la combinación ciruela-rojo-naranja-azul.

- Emplear colores diferentes de la misma intensidad o tono consigue un efecto contrastante de gran dramatismo. Por ejemplo, el naranja calabaza combina bien con rojo, azul y verde, y el verde de tono medio funciona con el verde bosque, el rojo oscuro y el marino.

La cantidad de color utilizada y su ubicación pueden generar un efecto sutil o bien dramático. Empleado en superficies grandes, el color crea la atmósfera general; en pequeñas superficies da énfasis o actúa como centro de atención. Si quieres que una habitación parezca más pequeña, emplea colores cálidos. Para agrandar o abrir la estancia, emplea colores fríos. Si tienes un techo alto que deseas que parezca más bajo, pinta las paredes de un tono oscuro hasta la altura del riel para colgar cuadros, continuando con pintura blanca por encima y por el techo. Si quieres bajar la superficie del techo, píntalo de oscuro. El color también produce una sensación de movimiento y perspectiva ya que atrae la vista.

Combinaciones de atmósferas

Las combinaciones ambientales que elijas tendrán mucho que ver con la función de la habitación, así como la atmósfera que quieras crear, tanto formal como informal, personal o impersonal, cálida y acogedora o fría y espaciosa.

- Los tonos oscuros tienden a comer espacio dando una apariencia más pequeña a la habitación, más personal.

- Los tonos madera, rojo oscuro, púrpura y marrón son lujosos y tienden a parecer más masculinos.

- Los tonos oscuros pueden presentar elementos cálidos o fríos.

- Los colores pastel se aclaran con la luz, sus tonos suaves retroceden dando amplitud y una sensación refrescante y despejada a una habitación. Son discretos, tienden a ser más relajantes y parecen facilitar el descanso.

Se pueden emplear diseños y texturas para cambiar el ambiente del espacio de las siguientes maneras:

- Los motivos grandes, de colores llamativos, atraen la vista, empléalos por lo tanto en las áreas que quieras destacar.

- Los diseños pequeños y apagados tienden a fundirse en la textura general del conjunto.

- Las verticales dan impresión de altura, mientras las horizontales ensanchan un espacio.

- Las texturas realzan el efecto general de un color.

- Las texturas también pueden disolver o disfrazar las imperfecciones de las superficies físicas.

- Los acabados duros y brillantes se asocian a una eficiencia funcional, por lo tanto tienden a parecer fríos, sobre todo empleados con colores fríos.

- Las superficies tradicionales como la madera veteada y suave, así como los tejidos de texturas suntuosas, sugieren veteranía y realzan el efecto de los rojos, naranjas y marrones.

Puedes emplear un esquema cromático basado en un solo color empleando muchos matices y tonos del mismo, así como distintas texturas y estampados. Dentro de una paleta limitada de monocromáticos, emplea los colores y texturas de la naturaleza para crear interés. Los marrones se basan en pigmentos terrosos y presentan muchas variaciones de tono que combinan bien. Por ejemplo, los colores madera, bambú, estera, sisal, etc., todos tienen tonos y texturas diferentes de beis y marrón. Mezcla efectos brillantes con mates.

Una gama monocromática es más sofisticada. Emplear colores complementarios en la misma gama tonal aporta un contraste dinámico. Con tonos intensos u oscuros se puede dar énfasis y crear focos de atención dentro de la estancia. Los tonos neutros pueden intensificarse con colores de realce. El efecto de la pintura o el color de pared puede cambiarse jugando con los siguientes elementos:

- Prueba a usar un papel pintado con textura o una tela, o bien pinta sobre una superficie en relieve.

- Usa un efecto mate en polvo o prueba con una pintura esmalte o brillante.

- Las técnicas históricas de color y acabado emplean diferentes bases y métodos como leche, tiza, capa de cal, falso estuco, desponjado, veteado, *trompe l'oeil* y superficies envejecidas.

- Los tratamientos futuristas del color incluyen pinturas inusuales, acabados metálicos o efectos nacarados.

Los metales constituyen realces importantes en muebles y elementos de iluminación, por lo tanto considera los siguientes consejos:

- El oro es el color del sol, es cálido y masculino. Empléalo con colores cálidos dominantes o bien para animar un espacio frío.

- La plata representa la luna, es femenina y fría. Aporta una sensación más distante a una estancia y puede enfriar un espacio cálido. Esto también atañe al mobiliario de oficina o a los muebles modernos fabricados en acero o cromo.

- El cobre, el verdín (cobre con pátina) y el bronce son metales cálidos de naturaleza femenina.

Los colores cambian con la distancia. Al alejarse, los objetos pierden el color antes que la forma. El rojo, el amarillo y el naranja son colores recomendables para la seguridad gracias a su excelente visibilidad a cierta distancia.

Los colores se identifican también con un lugar, reflejando pues su clima y su luz. Por ejemplo, los colores mediterráneos son limpios y brillantes, mientras que relacionamos África con rojos y marrones o el Caribe con colores primarios intensos y fosforitos. Puedes evocar un lugar o una época escogiendo un esquema de color que sugiera un sitio o periodo de tiempo.

Colores cálidos

El **rojo** es un color muy versátil que resulta dramático y poderoso cuando luce en toda su intensidad. El amarillo es el color del sol y el verano, por lo tanto aporta calidez visual. Los naranjas alegran el corazón. Emplea el amarillo y el naranja para dar vida a las habitaciones que reciben poca luz natural.

Los pasteles claros crean un ambiente amable en dormitorios o baños. Emplea tonos brillantes para lograr un efecto más llamativo. Un amarillo claro tiende a aportar un aspecto fresco que puede ser sorprendentemente atractivo, mientras que el naranja rojizo puede llegar a ser aún más dramático si se combina con colores azules complementarios. Estos matices también quedan bien con madera o con metales como el cobre, el oro y el peltre.

Emplea el rojo con moderación como color de realce para dar calidez a una estancia, pero no utilices demasiado o tu habitación parecerá un burdel, ¡a menos que de hecho estés diseñando un burdel, por supuesto! Los rojos oscuros son muy masculinos, sexis y enérgicos, y físicamente resultan confortables ya que son cálidos y a la vez estimulantes. El rojo crea una sensación espesa y concentrada; no obstante, es muy activo. Quiere pasar a la acción... sea del tipo que sea. Emplea el rojo para atraer la atención a una zona.

El **naranja** es un buen color para usarlo en espacios públicos, ya que su calidez fomenta una buena interacción social y sensación de bienestar. Además, funciona bien en comedores y cocinas, pues ayuda a «estructurar el fuego» de un entorno. Los melocotones y albaricoques claros pueden emplearse en un cuarto infantil o guardería al fomentar las buenas relaciones y levantan el ánimo. Las sombras de naranja alegran y dan un toque terroso y primario a una habitación. Los colores de realce naranja intenso añaden chispa a una estancia sin resultar demasiado irritantes. Las habitaciones grandes suelen quedar estupendas con un naranja profundo. En pasillos o habitaciones que carecen de intimidad, el naranja da calidez al espacio, consiguiendo que parezcan más pequeños y dotándoles de animación. Prueba a emplear el naranja con un tono azul, que es su color opuesto, para equilibrar y mitigar su efecto.

El **amarillo** tiene un efecto estimulante sobre el cerebro. Como color para una habitación, los tonos más saturados logran subir los ánimos y dar alegría, aportando a un espacio la sensación dichosa del sol. El amarillo funciona bien en cocinas o locales públicos ya que puede estimular el debate y facilitar la digestión. Un estudio en amarillo fomenta la actividad intelectual. Resulta un buen color de realce para dar luminosidad. No obstante, no va bien usarlo como color principal en paredes de estancias destinadas a la relajación, como dormitorios o baños, debido a su efecto estimulante para la mente.

Marrón. Es primitivo, relajante y cálido; solo tienes que pensar en la madera. Aunque hay muchas sombras de marrón y desde luego muchos tonos que se basan en el marrón como color primario dominante, si toda la habitación es de este color cobrarán más importancia las texturas que las tonalidades. El marrón es conservador y representa seguridad. Empleando el marrón para decorar una tienda o entidad bancaria transmites un mensaje de que tu negocio es seguro y que se puede confiar en ese establecimiento. Los matices marrones de maderas y materiales naturales son maravillosos cuando necesitamos un aspecto cálido, natural y básico. El feng shui sugiere que la madera es una elección genial para una cocina por el modo en que contrarresta tanto el fuego (que en el feng shui se representa mediante el color rojo) como el agua (representada mediante el negro o el azul) creando así un buen equilibrio.

Colores fríos

Azules y verdes son colores que resultan relajantes para vivir pues constituyen buena parte de nuestro mundo natural. El cielo está integrado por una gran variedad de azules en constante cambio, tal como sucede con el mar. En el mundo vegetal aparecen una gran cantidad de matices de verde. Traen un soplo de aire libre a nuestros interiores. Los azules y verdes claros aportan una sensación fresca y despejada, mientras que los tonos brillantes y profundos proporcionan un efecto más exótico. Recuerda que el verde se compone de azul y amarillo, el extremo fresco y el cálido del espectro, y por consiguiente es un color que restablece el equilibrio. La combinación de blanco y verde amarillento recuerda la primavera. El feng shui sugiere que una cantidad de verde queda genial en un cuarto infantil al fomentar la salud y el crecimiento.

El **verde** es relajante y apacible para el sistema nervioso. Con el predominio del azul en la mezcla, es un buen color para dormitorios y salas de estar. Con un predominio del amarillo, funciona como color de realce, aportando energía primaveral al espacio. Por supuesto, siempre pueden emplearse plantas, follaje y flores para dotar a un lugar de energía verde. Algunas personas dicen que el patio o el jardín deberían considerarse también como una estancia más de la vivienda.

Las variaciones de **azul celeste y añil** son calmantes, frías y relajantes. El turquesa es más animado, ya que estimula el debate y el movimiento. Los azules dan sensación de amplitud. Funcionan bien en dormitorios o en cualquier otro cuarto en el que desees relajarte. Demasiado azul puede resultar soso, por lo tanto conviene emplear colores de realce o blanco para mantener cierto contraste dinámico. Las diferentes sombras de azul usadas conjuntamente sirven para añadir variedad.

Los **púrpuras** son colores muy fuertes para decorar toda una habitación. El púrpura tiene un efecto poderoso sobre el sistema nervioso, que puede ser tanto calmante como irritante en función de cuánto rojo haya en la mezcla. El púrpura es un buen color para dar realce. Puede ser bastante masculino y aportar una sensación de opulencia y poder a la estancia, sea una sala de estar o un dormitorio. Además es un color beneficioso para las actividades espirituales como la meditación.

En decoración, **el blanco y el negro**, de forma tanto individual como conjunta, transmiten un mensaje muy expresivo y dramático. Esta combinación puede considerarse muy masculina. Algo todo negro es muy recluido y gótico; todo blanco es estéril y puro. Ambos colores pueden ser relajantes pero también implacables. El blanco y el negro juntos sugieren un ritmo que danza ante los ojos ya que los diseños que crean cobran más importancia que los propios colores.

He aquí una historia interesante sobre el color. Una amiga mía se pasó el embarazo decorando alegremente el dormitorio del bebé que estaba en camino, para lo cual utilizó colores primarios luminosos, animados, con imágenes de ositos de peluche y dibujos similares. Resultó luego que el bebé dormía mal, por lo tanto decidió cambiar el color del cuarto. Redecoró el espacio con tonos muy pálidos de lavanda y blanco, ¡y la criatura durmió bien a partir de entonces!

No obstante, mi sugerencia para un bebé con problemas de sueño es pintar el dormitorio de azules, verdes y blancos. Esto contribuirá a crear una atmósfera equilibrada y calmada. Si así tampoco funciona, conviene esperar a que el niño se haga adolescente ¡y ya verás cómo entonces duerme no ya toda la noche sino hasta la hora de comer del día siguiente!

Si manipulas el color con inteligencia, puedes cambiar tu entorno de manera que mejore tu vida y también la vida de los demás.

14

Adivinación mediante el color

La adivinación es la percepción del pasado, el presente y el futuro. Es fundamentalmente la capacidad para interpretar pautas, darles sentido y juntar información con objeto de crear una historia coherente. Algunas personas lo denominan «decir la buenaventura», aunque nadie que se dedique a ello lo llama así. Hay muchas maneras de usar el color en la adivinación, pues el color es inseparable de todos los aspectos de la vida. Menciono aquí algunas pocas técnicas de adivinación que lo emplean explícitamente y ofrezco unas breves descripciones.

Clarividencia

La clarividencia es la capacidad innata para percibir imágenes interiores. Todos contamos con esa habilidad, pero lo llamamos «nuestra imaginación». Aprender a aprovechar esta capacidad de un modo coherente y controlado se llama clarividencia. No es un proceso de imaginación activa mediante el cual inventamos mentalmente cosas para representarlas luego en imágenes, sino un proceso en el que creamos una pantalla en blanco sobre la que se proyectan las imágenes de la mente subconsciente, bien al azar o en respuesta a preguntas internas. Las estructuras de imágenes pueden usarse además para vincular información a lo que normalmente emerge a través del filtro de nuestro campo consciente.

Interpretación de cintas

La técnica de interpretación de cintas se desarrolló ampliamente en la época previctoriana. En comparación con nuestros días, por aquel entonces estaba más de moda entre las mujeres llevar cintas, y tales cintas eran un medio muy práctico para emplear referencias cromáticas. Si quieres ponerlo en práctica, compra cintas de todos los colores del arco iris, cada una de unos treinta centímetros de longitud, y luego haz un nudo en cada extremo. Pide al individuo que realiza la consulta que formule una pregunta, luego dile que cierre los ojos y se concentre en la misma. A continuación, todavía con los ojos cerrados, di a esta persona que elija una o más cintas y que las sostenga en alto por los extremos anudados. Entonces puedes empezar a interpretar el color y su significado de acuerdo con la pregunta que haya formulado esa persona.

Interpretación de flores

El encantador método de interpretar flores tuvo un uso extendido durante la época victoriana, como regreso a épocas anteriores en que la apreciación de la naturaleza y los colores era muy común. Con esta técnica se creaba un ramo de flores de todos los colores, incluidos tallos y hojas, que se colocaba en un jarrón. La persona que hacía la consulta planteaba una pregunta y luego cerraba los ojos. El ramo se colocaba entonces ante el individuo, a quien se le pedía que extrajera una flor, y la que sacaba se empleaba como respuesta a la pregunta. El «adivino» interpretaba el color y la forma de la flor, su estado de floración, el tallo y número de hojas, la lozanía y frescura, relacionándolo todo ello con la pregunta.

Sistemas de cartas

En adivinación se emplean muchos tipos de cartas. Al barajarlas mientras formulas una pregunta, organizas los naipes con tus propias vibraciones electromagnéticas. La baraja se corta o separa en tres pilas para luego volver a formar una sola, repartiendo las cartas a continuación en una distribución predeterminada donde cada zona de ubicación tiene un significado determinado en el tiempo. Es entonces cuando la adivinación ya es posible, pues el lugar que ocupa permite interpretar el significado de la carta en relación con la pregunta planteada.

Entre los sistemas tradicionales se incluyen las cartas de juego con sus cuatro palos, cada uno de un color, imagen y número asociado, que ofrecen combinaciones específicas de significado. El tarot emplea asociaciones de colores e imágenes más complejas. Existen otros muchos tipos de barajas modernas, como las cartas de diosas, de ángeles, de sirenas, etc. La imaginería simbólica y las palabras empleadas en cada baraja son diferentes, pero la manera de usarlas es exactamente la misma.

Los colores de estas cartas se identifican con estados energéticos específicos, y sobre todo con los elementos. El color representa un aspecto importante del significado global de la carta.

Test de Lüscher con colores

El test de Lüscher se realiza empleando una serie de tarjetas contenidas en una caja que también incluye las instrucciones. Se creó en la primera década del siglo veinte como herramienta para evaluar perfiles de pacientes. Su creador fue un psicólogo llamado Lüscher. El paciente selecciona fragmentos de unas tarjetas de formas diferentes con diversas combinaciones de colores. Las tarjetas escogidas se interpretan luego para entender el carácter del individuo. Se trata de un método que ha resultado ser muy preciso.

Aura-Soma

Aura-Soma es un sistema de colores basado en el trabajo de Vicky Wall. Incluye colores suspendidos en hierbas, aceites y agua, y emplea frascos con colores individuales o también con combinaciones duales de color. Son frascos luminosos y muy bonitos. Aura-Soma puede utilizarse para comprender el carácter, para la adivinación y para desarrollar el campo energético y restablecer el equilibrio en algunos estados de salud.

Un test hazlo-tú-mismo

Date el gusto de regalarte tarjetas o trozos de papel de tantos colores como consigas encontrar, incluyendo negro, blanco, oro, plata, cobre y cualquier otro. Asigna a cada fragmento un significado y escríbelo en su parte posterior. Los posibles significados comprenden: tener suerte en el amor, no tener suerte en el amor, ser capaz de ganar dinero, ser capaz de que te toque dinero, no tener ningún dinero, llevarlo bien en lo referente al dinero, y así sucesivamente. Puedes emplear ideas que hagan referencia a salud, aumento de peso o dietas que funcionen, viajes, fiestas y visitas, hijos, bebés, vecinos, animales de compañía, familiares, coches, motos y autobuses..., todo lo que se te ocurra. Intenta combinar la idea con los significados del color.

Ahora encuentra un conejillo de Indias dispuesto a participar en el test y convéncele para que remueva los papeles, tocándolos todos. A continuación haz que esta persona elija tres. Pueden ser colores complementarios o bien los que sean de su gusto o sencillamente los que le hayan llamado la atención en ese instante preciso. Ahora fíjate en el resultado.

Aunque el experimento no salga demasiado bien, tú y tu acompañante os reiréis bastante. No obstante, hay muchas posibilidades de que funcione, como sucede con tantas otras cosas inexplicables; y al menos es una manera de experimentación extrasensorial que no comporta riesgo alguno.

15

Curando con colores

La curación con colores es una ciencia y un arte de gran antigüedad pues se practica desde el inicio de los tiempos. La observación de las propiedades del color en la naturaleza propició diversas formas de aplicación del mismo con objeto de tratar dolencias físicas, emocionales, mentales y espirituales tanto en seres humanos como en animales.

El principio de la curación con color se basa en la idea de que cada persona o animal se compone de una matriz de «cuerpos» que funcionan a frecuencias vibracionales diferentes y operan conectados conjuntamente para sustentar todo el organismo. Cada «cuerpo» de la matriz responde a diversos estímulos en función de su estructura. Al tratar un «cuerpo», se dan subsiguientes respuestas y cambios dentro de los demás. Por ejemplo, si aplicas color al cuerpo físico de una persona, se producirá una respuesta y cambio dentro de los cuerpos emocionales, mentales y espirituales de ese individuo.

Elección de los colores para la curación

Existen muchos métodos para elegir colores así como razones para escogerlos. Cada enfermedad puede identificarse por su color representativo. Al aplicar el color opuesto, tratas la afección actuando sobre la vibración de su energía. Para abordar un problema agudo, es preciso identificar el color del problema y luego aplicar su opuesto.

Para tratar un problema crónico, no solo necesitas identificar el color del problema y el del color opuesto, sino que también debes identificar el chakra con el que se relaciona y tratarlo también.

- Para equilibrar el campo energético emocional, utiliza solo los colores del chakra.

- Para equilibrar el campo energético mental, emplea colores del Árbol de la Vida (consulta la sección «El árbol de la vida: colores en el árbol», pág. 140).

El principio general consiste en considerar los colores cálidos como estimulantes y los fríos como sedantes. El verde equilibra y es tonificante.

Para actuar sobre sangre y órganos

- Los azules claros y oscuros son refrescantes y calmantes.

- Los verdes hierba relajan y vigorizan.

- El naranja y los amarillos son inspiradores y esclarecedores.

- La gama entre el rojo intenso y los rosas resulta estimulante y excitante.

Para actuar sobre el sistema nervioso

- Las sombras de violeta son refrescantes y calmantes.

- Los verdes hierba resultan relajantes y tonificantes.

- Los amarillos medios y el naranja son inspiradores, esclarecedores y además motivan.

- Los rojos intensos estimulan y excitan.

- Siempre conviene acabar con un baño de luz blanca.

Rojo

- Emplea los rojos en pequeñas dosis para reactivar el sistema.

- Emplea el rojo durante ratos breves para calentar lugares, el rojo va bien para la anemia.

- El rojo hace milagros con las irritaciones de la piel que dejan cicatrices, como la varicela o cualquier otro tipo de sarpullidos.

Rosa

- El rosa es beneficioso para las afecciones de la piel y la hinchazón.

- El rosa alivia la soledad.

- El rosa ayuda a que la persona pierda peso en caso de que lo necesite.

Naranja

- El naranja equilibra las emociones.

- El naranja despierta la creatividad y estimula la ambición.

- El naranja alivia las afecciones respiratorias, fortalece los pulmones, el páncreas y el bazo, y es beneficioso para el asma y la bronquitis.

- Emplea el naranja contra el estreñimiento.

- Utiliza el naranja para la falta de vitalidad.

- La epilepsia se puede tratar también con agua cargada de rayos naranjas usada a diario durante un periodo prolongado de tiempo.

- El albaricoque estimula el apetito y nutre el tejido muscular.

Amarillo

- El amarillo favorece el aprendizaje y la concentración.

- Emplea el amarillo para aliviar la indigestión y la flatulencia, y para facilitar la evacuación.

- El amarillo ayuda a aliviar los dolores de cabeza.

Verde

- El verde permite equilibrar y limpiar el sistema.

- Emplea el verde para aliviar las afecciones nerviosas.

- El verde ayuda a relajarse y aviva la prosperidad.

- Emplea el verde para mejorar la visión y la presión sanguínea.

Turquesa

- El turquesa actúa como tónico del sistema nervioso y estimula la actividad. Los atributos tónicos no se manifiestan de manera histérica, sino con calma y de forma consciente.

Azul medio

- Es calmante y refresca el cuerpo y las articulaciones.

- Este azul despierta la creatividad artística.

- Empléalo para respirar mejor.

Azul oscuro

- El azul oscuro acelera la curación tras una cirugía.

- El azul oscuro es beneficioso para los huesos si se combina con verde (cerceta).

- Emplea el azul oscuro para abrir la visión interior.

Púrpura

- El púrpura desintoxica el sistema.

- Emplea el púrpura para ayudar a superar obsesiones y negatividad.

- Emplea el púrpura junto con luz blanca.

Violeta

- El violeta es beneficioso para problemas del esqueleto.

- Emplea el violeta para purificar y desintoxicar.

- El violeta es profundamente sedante y antiséptico, así como muy refrescante.

- Utiliza el violeta para entrar en sintonía con el mundo espiritual.

Tipos de tratamiento

Las aplicaciones físicas del color pueden realizarse a través de cambios de dieta y ejercicios de saturación ocular, también bebiendo agua solarizada o bien con cambios en el color de la ropa y del entorno.

Los tratamientos del campo energético que afectan directamente a los cuerpos emocionales y mentales son: la curación con cristales, la aplicación de luces coloreadas, la respiración de colores y la proyección de colores.

Para tratar la dimensión espiritual de un individuo, el color se aplica mediante técnicas de visualización o en el transcurso de ritos sanadores ceremoniales. Por ejemplo, existen ritos sanadores entre los nativos americanos y los budistas tibetanos, y también en tradiciones curativas hindúes en las que se dibujan en el suelo con arena coloreada mandalas e imágenes espirituales. En muchos casos este proceso incluye también meditación, música, quema de incienso y oración para tratar problemas presentes en las diversas capas del campo energético del paciente.

Puedes poner en práctica tú mismo los tratamientos que enumero a continuación, o tal vez prefieras consultar a un profesional.

Cambios en la dieta

Como planteamiento básico, deberías intentar incluir en tu dieta diaria alimentos que contengan todos los colores del espectro. Cada color contiene minerales, vitaminas y nutrientes específicos que tu cuerpo precisa.

Cambios de color en tu ropa y entorno

Consulta el capítulo «Desarrolla tu atención al color» que aborda el ámbito de la moda, y el de «Decoración», y considera cuidadosamente qué puedes hacer para que la gama cromática de tu ropa y entorno respalde tu proceso curativo.

Ejercicios de saturación ocular

Escoge un color que en tu opinión contenga las propiedades que deseas estimular, sean físicas o energéticas. Busca un papel del tono o tonos adecuados y recórtalo con la forma que desees. Las formas en sí mismas tienen un significado.

- Un cuadrado fomenta la estabilidad.

- Un círculo promueve la armonía e integridad.

- Un triángulo estimula la actividad dinámica y la fluidez.

Sujeta el papel con un alfiler sobre una superficie blanca de manera que te quede a la altura de los ojos cuando te sientes a unos treinta centímetros de distancia como mínimo. La superficie blanca es importante ya que proporciona el mejor contraste para que el ojo absorba la luz.

Relaja el cuerpo y la mirada, y contempla la forma coloreada, manteniendo la mirada tan fija como te sea posible en el papel. Concéntrate en tu respiración y, mientras observas el color, de manera relajada siente que al inspirar interiorizas el color a través de tus ojos e imagina que al exhalar llenas el cuerpo con ese color.

Al final empezarás a ver una película formándose sobre el papel coloreado; es el color complementario astral. Cuando esto suceda o cuando se te canse la vista, cierra los ojos y observa lo que hay en tu imaginación. Permite que la imagen coloreada flote en el centro de ese espacio. La verás traspasando el resto de los colores del espectro hasta desvanecerse finalmente.

Una vez desaparezca, repite el ejercicio un par de veces. Al final, frótate las manos y cúbrete los ojos abiertos con ellas, y percibe entonces el calor de tus manos. Después siente ese calor relajando tu mirada y proporcionándole energía. Repite esto una vez al día al menos durante una semana o hasta que sientas que se ha logrado el efecto deseado.

Puedes conseguir unos resultados asombrosos con este tratamiento. En una ocasión recomendé a un cliente con problemas de aletargamiento y de motivación, con poca vida social, que recortara un triángulo anaranjado e hiciera este ejercicio. En cuestión de un mes, encontró trabajo y saneó sus finanzas. Empezó a colaborar como voluntario en una compañía aficionada de teatro, algo que había deseado hacer siempre pero que nunca había realizado por falta de confianza. Dado que había mencionado que se «sentía triste»[1], seleccioné el color naranja, que simboliza motivación, impulso, ambición y sociabilidad. Resulta sumamente interesante que el color complementario astral del naranja sea el turquesa pálido, un color que anima a asumir riesgos, estimula la libertad de expresión, el trabajo en equipo y los proyectos teatrales.

Agua solarizada

Dos tercios de nuestro cuerpo se componen de agua. Necesitamos beber al menos entre uno y dos litros de agua para depurar nuestro organismo.

El agua magnetizada o cargada ayuda al cuerpo en su sanación. No obstante, mediante rituales, pensamiento o la exposición a imanes, luz solar o energía canalizada, el agua cambia sutilmente su estructura molecular. Cargar el agua con frecuencias de colores específicas es una manera efectiva de influir en los estados físicos y sutiles. El agua adopta las propiedades del color, y luego el individuo puede beberla, absorbiendo la energía cromática en el interior de su cuerpo.

El agua también puede solarizarse (exponer a la luz del sol). Al seguir este método, la luz solar proporciona energía al agua y la activa, permitiendo así que absorba las vibraciones del color. El doctor Edwin Babbitt, conocido por emplear la pantalla Kil-

---

1. *feeling blue*: en inglés el color azul (*blue*) denota tristeza. *(N. de la T.)*

ner, sugiere que la leche, el azúcar y la goma arábiga en polvo también pueden cargarse, al ser sustancias bastante neutras.

Es muy fácil solarizar el agua. Puedes emplear un recipiente de vidrio coloreado o bien uno de vidrio transparente envuelto en el color deseado. También puedes colocar el color escogido sobre el recipiente. Elige los colores con cuidado. Como alternativa, sumerge una piedra coloreada o un cristal en el líquido.

Deja el agua sobre el alféizar de una ventana entre una y tres horas para que absorba la luz del sol matinal. Una vez se haya cargado del todo, guarda el agua solarizada en el frigorífico, en otro recipiente de vidrio transparente etiquetado con el color y la fecha de la carga. Durará una semana, luego necesitarás una nueva tanda.

El agua solarizada se puede beber en pequeñas cantidades, bien tomando una dosis no superior a dos centímetros cúbicos o bien vertiendo gotas en una copita de jerez. Se beberá varias veces al día hasta que el problema esté resuelto. Una forma alternativa sería tomar una cucharadita de agua por la mañana antes de ingerir alimentos y una por la noche antes de irse a la cama, bien directamente o mezclada en una pequeña cantidad de otro líquido, como zumo de frutas o leche. Bebe todo el vaso. Continúa ingiriendo agua solarizada hasta que el problema empiece a resolverse. También puede usarse el agua externamente para el aseo o aplicada en compresas.

Curación con cristales

La aplicación curativa de los cristales es un tema interesantísimo de por sí, pero en este libro únicamente podemos abordarlo de forma breve. Los cristales operan sobre el campo electromagnético, y su efecto depende de la claridad del cristal y su color. El terapeuta aplica el cristal sobre los chakras o las zonas que presentan una lesión para así poder acelerar la recuperación. Sostener un cristal del color adecuado durante la meditación o bien tener uno o más en tu entorno próximo tendrá un efecto sobre tu campo energético.

Aplicación de luz coloreada

La aplicación de luz coloreada es una terapia especializada, por este motivo tal vez desees consultar a un profesional. Las luces de colores se escogen específicamente para bañar el chakra o bien una parte del cuerpo o tal vez todo el cuerpo, con objeto de provocar cambios en el campo energético. Otra alternativa puede ser tomar un baño de luz para el aura sentado bajo una lámpara con una bombilla de color. Si te resulta difícil obtener bombillas coloreadas, puedes cubrir de papel celofán la pantalla de la lámpara para que la luz brille a través del mismo, pero con cuidado de que no se queme. Siéntate bajo la luz durante quince minutos como máximo por sesión. La luz se absorbe tanto a través del campo energético como de la piel y los ojos.

Respiración de colores

El color se aplica a los chakras para activar el proceso de autosanación. También podemos emplear las técnicas de visualización y respiración para enviar vibraciones específicas de fuerza vital a las diferentes partes del cuerpo, así como a los chakras. Elige colores que puedan tratar tus problemas, visualízalos y luego emplea la técnica que explico en la sección siguiente.

Por ejemplo, si padeces ataques de artritis, necesitas escoger un color que refresque el calor de la inflamación (un azul) y otro que lubrique y sane la articulación y los músculos de la zona (melocotón). A menudo es aplicable el color complementario. Otra manera de considerarlo podría ser ver la artritis como una enfermedad roja (inflamatoria) y en tal caso para combatirla aplicar un verde azulado a las articulaciones. Debes pensar con cuidado en los síntomas que deseas tratar. Recuerda que siempre hay aspectos psicológicos que tener en cuenta respecto a la enfermedad así como los colores que escojas para curar.

Si el proceso te resulta demasiado complicado y tienes problemas a la hora de decidir qué color emplear, la mejor solución es utilizar una luz blanca, con la instrucción mental de que las zonas afectadas capten los colores del espectro necesarios para iniciar la sanación. Debes incluir esta instrucción en tu programa mental. No obstante, te iría mejor intentar imaginar los colores correctamente en vez de acabar habituándote a utilizar luz blanca.

Una vez escojas los colores en los que deseas concentrarte, trabaja con ellos, respirándolos de uno en uno durante un par de minutos, luego finalizando con un minuto de luz blanca. Haz esto una vez al día hasta que controles el problema. Es mejor practicarlo antes del desayuno o de la cena, y que no sea la última cosa que hagas por la noche ya que se trata de una actividad demasiado estimulante.

Técnica de respiración para colores específicos

1. Siéntate en posición erguida, cómoda y relajada.

2. Coloca la punta de la lengua contra el paladar justo debajo de los dientes delanteros.

3. Inspira despacio por la nariz mientras cuentas hasta cinco o seis.

4. Aguanta la respiración contando hasta doce.

5. Exhala despacio por la boca mientras cuentas hasta cinco o seis.

6. Hazlo varias veces para establecer un ritmo.

7. Mientras inspiras, presta atención y siente el aire entrando por la nariz; visualízalo como un color concreto y envíalo hasta una zona particular.

8. Haz esto con cada color durante unos dos minutos.

9. Luego envía luz blanca, pura y cristalina durante un minuto aproximadamente, para que llene todo el cuerpo.

    La sesión debería durar al menos cinco minutos

Técnica general de respiración de colores

Mientras respiras rítmicamente...

1. Visualiza individualmente los tres primeros rayos —rojo, naranja y amarillo— fluyendo desde la tierra y elevándose hacia al plexo solar.

2. Respira luego individualmente los tres últimos rayos —azul, añil y violeta— fluyendo desde el aire y descendiendo hasta el plexo solar.

3. Luego visualiza el rayo verde fluyendo hasta el plexo solar de forma horizontal.

Paño cargado de color

Otra posible técnica consiste en cargar de color y energía un pedazo de tela para aplicarlo sobre una zona y lograr el efecto deseado en el aura de una persona. Deberías adoptar un punto de vista de programación energética para lograr lo siguiente:

-   Ser preciso en cuanto al color o colores.

-   Ser preciso en cuanto a la parte o partes concretas del cuerpo que deseas tratar.

- Retener la energía en el paño durante un periodo definido de tiempo antes de que se disipe.

El algodón y la seda son los tejidos que mejor se cargan de energía cromática. Mediante la programación puedes cargar de energía un paño blanco, o bien puedes usar un paño que sea del color o colores que deseas transmitir al sujeto.

Puedes cargar objetos mientras practicas meditación y ejercicios de respiración. Determina con antelación lo que quieres que suceda y durante cuánto tiempo deseas que el tejido retenga la carga. Luego instala el programa de lo que quieres hacer pensando en ello mientras sostienes el paño entre las manos. Mantén la mano izquierda en la parte inferior y la derecha en la superior mientras canalizas los colores, la luz blanca o la energía cósmica a través de ti. Entonces debes sentirla mientras es absorbida y acumulada en el paño. Continúa hasta reconocer de forma intuitiva que el paño se ha cargado por completo. Una vez más, puedes programarte para tomar conciencia del momento en que el tejido está del todo cargado diciéndote que la mano que lo cubre se apartará flotando por propia iniciativa, ¡debido a la sabiduría de tu cuerpo!

Puedes apoyar el paño sobre la parte del cuerpo que precisa ayuda y ampliar el efecto respirando rítmicamente y concentrándote en aumentar el flujo de energía a través de tu cuerpo. Espera hasta sentirte listo, luego visualiza el color, inclínate hacia delante y acerca tu boca al paño. Espira con fuerza y despacio sobre el mismo, luego inspira una vez más. Visualiza y siente la respiración coloreada penetrando en el cuerpo y restaurando el equilibrio. Continúa practicando durante varios minutos o hasta que tu intuición te diga que el proceso ha concluido.

Proyección de color

En la proyección de color, en vez de recurrir a la autocuración mediante colores, utilizas la sanación por proyección mental sobre el sistema de chakras de otra persona.

Este proceso influye en el plano emocional y su efecto ondulatorio se desplaza tanto hacia arriba hasta afectar el plano mental como hacia abajo para influir en el plano físico. Puedes utilizar las técnicas de respiración descritas antes, pero en vez de absorber tú mismo el color, lo exhalas a través del material mientras lo proyectas mentalmente hacia otra persona. Si el receptor está contigo, podrías alargar la mano al tiempo que contemplas la parte del cuerpo o el chakra en que deseas influir, exhalando en su dirección. También puedes trabajar con alguien desde la distancia e imaginarlo absorbiendo el color en la zona de su cuerpo afectada o enferma.

No obstante, antes de trabajar con otra persona, practica contigo mismo. Estas sutiles técnicas funcionan, considera pues con cuidado todo el proceso y asegúrate de pedir permiso al receptor antes de hacer algo.

16

El color y la dimensión esotérica

El color se emplea en todas las tradiciones espirituales como una potente expresión de energía sagrada. Uno alcanza la presencia divina cuando se sitúa «a su Luz», pero se trata de un tema demasiado amplio como para abordarlo en un libro de esta clase.

Tómate un momento para reflexionar sobre cualquier ritual espiritual en el que hayas participado. Cada festividad se identifica con colores que ejercen cierta magia sobre ti. Por ejemplo, empleamos rojos, verdes y oros por Navidad; azul y plata por el Janucá, púrpura y amarillo por Pascua, naranja y negro por Halloween, y así sucesivamente. Al emplear colores asociados a tu tradición espiritual, automáticamente entras en contacto con tu propia dimensión espiritual.

Este libro se llama *Terapia del color*, de modo que no es el lugar indicado para una explicación profunda sobre todas las tradiciones esotéricas, aunque tal vez te apetezca dar un breve vistazo a algunas de las asociaciones con los colores. Este capítulo da un repaso rápido a algunas tradiciones que emplean el color: la Cábala, los siete rayos, y los cristales y sus correspondencias astrológicas.

El Árbol de la Vida

El diseño del Árbol de la Vida de la Cábala se divide en dos partes principales separadas por lo que se conoce como el «Abismo». Las tres Sefirots[2] superiores al Abismo —cada Safira o centro ubicado sobre este— tienen relación con la triple cabeza de Dios, y las siete Sefirots inferiores la tienen con la Creación. En términos de luz y color, a las tres Sefirots superiores se las relaciona con el principio de luz y su presencia o ausencia, indicada por el blanco y el negro. Inmediatamente debajo del Abismo hallamos los tres colores primarios —azul, rojo y amarillo—, seguidos de los colores secundarios verde, naranja y púrpura o violeta. La Sefirá final representa todas las variaciones de color que se encuentran en la naturaleza.

El Árbol de la Vida — Colores en el árbol

Kether: puro resplandor.

Bináh: negro.

Jokmáh: blanco.

Daat: lavanda.

El Abismo.

Guevuráh: rojo.

Jesed: azul.

Tiferet: amarillo.

Hod: naranja.

---

2. «Sefirá» es «libro» en hebreo. El plural es «Sefirot».

Netzaj: verde.

Yesod: morado o violeta.

Malkut: citrino, oliva, negro, rojizo.

Los siete rayos

Los hindúes hablan de los «Siete *Praj Patis*» (Señores de la Creación); los Zoroástricos, de los «Siete *Amesha Spentas*» (Sagrados Inmortales). En Egipto, los rayos se denominaban «Siete Dioses del Misterio». Los judíos los llamaban las «Siete Sefirot» (Libros Sagrados). En la Biblia se hace referencia a ellos como los «Siete Espíritus ante el Trono de Dios». Según la teosofía, suele usarse generalmente el término «Logos Planetarios de Siete Cadenas».

Los principios asociados a los rayos

Rayo 1: voluntad más poder.

Rayo 2: amor más sabiduría.

Rayo 3: inteligencia activa.

Rayo 4: armonía a través del conflicto.

Rayo 5: conocimiento concreto.

Rayo 6: devoción más idealismo.

Rayo 7: orden ceremonial.

Los siete rayos son la encarnación de siete tipos de fuerzas que dan vida a las siete cualidades de la deidad (siete aspectos de Dios). En tiempos medievales era popular la idea de la celestial «Música de las Esferas»; cada vez que contemplamos un arco iris puedes ver esto expresado en color.

Rayo 1

- Voluntad más poder.

- El espíritu.

- Vida.

- Ideas.

- El cuerpo mental.

- Objetivo (en la vida).

Color del rayo: rojo.

Principio humano: vitalidad.

Principio divino: la única vida, espíritu.

Interés: fuerza, energía, acción.

El primer rayo es el de la voluntad más el poder, pues al aplicarse la voluntad esta deviene poder. Este rayo se ocupa tanto de la creación como de la destrucción de vida.

El color rojo relacionado con este rayo es un tono que activa y da energía, y está vinculado al elemento del fuego.

Rayo 2

- Amor más sabiduría.

- El alma.

- Conciencia.

- Ideales.

- Cuerpo astral.

- Calidad (de vida).

Color del rayo: azul claro.

Principio humano: el aura.

Principio divino: amor.

Interés: conciencia, expansión, iniciación.

Este segundo rayo, amor más sabiduría, se ocupa del «entendimiento de Dios» y la expresión de ideales. No es algo que se relacione con los procesos de pensamiento racional, ya que el segundo rayo rige la intuición que lleva al conocimiento. Una de las virtudes especiales de las personas influidas por este rayo es el amor a la verdad.

Su color asociado, el azul, es calmante y relajante. Las personas con un aura azul a menudo hacen gala de muchas de las virtudes antes mencionadas.

Rayo 3

- Inteligencia activa.

- La personalidad.

- Aspecto.

- Imágenes.

- Cuerpo físico (forma de vida).

   Color del rayo: verde.

   Principio humano: mente inferior.

   Principio divino: mente universal.

   Interés: adaptación, desarrollo, evolución.

En la Cábala, los colores atribuidos a las Sefirots se basan en la mezcla de colores físicos. No obstante, los siete rayos atañen a la luz, y cuando la luz se mezcla, los tres colores primarios son el rojo, el azul y el verde.

Rayo 4

- Armonía a través del conflicto.

- El reino humano.

- El plano intuitivo.

Color del rayo: amarillo.

Principio humano: comprensión, visión, percepción espiritual.

Principio divino: intuición.

Elemento: fuego.

El cuarto rayo se conoce como el de la armonía a través del conflicto o el rayo de la lucha. Es el principal rayo de la humanidad en la época actual. Es el rayo mediante el cual se logra el autocontrol. Aquí se da una alianza entre el primer rayo —voluntad más poder— y el segundo —amor más sabiduría—, ocupándose por tanto del equilibrio entre los opuestos.

Rayo 5

- Conocimiento concreto.

- El reino animal.

- El plano mental inferior.

- Mentalidad.

Color del rayo: añil.

Principio humano: el intelecto.

Principio divino: conocimiento superior.

Elemento: aire.

El quinto rayo es el de la ciencia. Se denomina «conocimiento concreto» y se relaciona con la mente inferior. Se identifica con la investigación, la especialización y el acierto técnico. Aquí vemos las energías del primer rayo —voluntad más poder— dirigidas hacia el descubrimiento del conocimiento, sobre todo de la forma de las cosas.

Rayo 6

- Devoción.

- El reino vegetal.

- El plano astral.

   Color del rayo: rosa plateado.

   Principio humano: deseo.

   Principio divino: devoción más idealismo.

   Elemento: agua.

Aunque se diga de este rayo que es una mezcla del segundo —amor más sabiduría— y del tercero —inteligencia activa—, muchas de sus cualidades son más propias del primer rayo: voluntad más poder. Al pretender crear un mundo perfecto, se da también la necesidad de destruir las cosas que no se ajustan a esos ideales.

- Orden ceremonial.

- El reino mineral.

- El plano físico y etéreo.

Color del rayo: violeta.

Principio humano: fuerza etérica o *prana*.

Principio divino: energía.

Elemento: tierra.

Este rayo se denomina «orden ceremonial». Se dice de él que está cobrando fuerza en los tiempos actuales como parte del amanecer de la Era de Acuario. Es el rayo que propicia que alguien se deleite haciendo bien las cosas. Es el rayo del sumo sacerdote, del chambelán de la corte, y también del médico convencional, o de cualquiera que se interese por el procedimiento apropiado de las cosas. Al igual que sucede con otros rayos, sus manifestaciones son tanto positivas como negativas.

Cristales y correspondencias astrológicas

La cuestión de la relación del color con los planetas y signos zodiacales, además de los cristales que identifican cada signo, es problemática. Tenemos tantas ideas sobre la naturaleza de esa relación como autores han escrito sobre el tema, especialmente en lo referente a los signos zodiacales. Los cristales se componen de varias combinaciones químicas que producen colores. Empleados con fines curativos, los cristales aumentan las cualidades de dichos colores e influencian el campo energético del individuo.

En los siguientes ejemplos de correspondencias entre colores, cristales y astrología, podemos ver cómo los tres colores primarios dan lugar a los secundarios y los intermedios, hasta formar un total de doce tonos, comenzando por el rojo, que normalmente se atribuye a Aries.

He aquí algunos ejemplos tomados de fuentes diversas:

Aries (21 de marzo-20 de abril)

Conceptos: aventura, impulsividad, empezar de cero.

Colores: rojo, rojo carmín, rojo brillante, rosas, negro, púrpura.

Cristales: rubí, jaspe rojo, diamante, piedra de sangre, granate, aventurina, ágata de fuego, ágata brasileña, hematita, hierro.

Tauro (21 de abril-21 de mayo)

Conceptos: preocupación por los recursos, confort, seguridad, propiedad, dinero.

Colores: azul, rosa, marrón, verde, naranja rojizo, amarillo, crema, habano.

Cristales: esmeralda, cuarzo rosa, zafiro, turquesa, jade, lapislázuli, selenita, crisocola, cobre.

Géminis (22 de mayo-21 de junio)

Conceptos: comunicación, educación, viajes, lenguaje.

Colores: violeta, multicolor, naranja, amarillos, azul cristal, diseños a cuadros.

Cristales: citrino, ágata, crisoprasa, perla, aventurina, cuarzo rutilado, aguamarina, zafiro azul, apofilita, celestita, arenisca, cinabrio, mercurio.

Cáncer (22 de junio-22 de julio)

Conceptos: amor al hogar y la familia, mal humor.

Colores: plata, blanco, sombras suaves, amarillo anaranjado, verde, verde azulado, grises, habanos, crema claro.

Cristales: feldespato, nácar, perlas, calcita, ópalo, ópalo de fuego, bornita, plata.

Leo (23 de julio-23 de agosto)

Conceptos: creatividad, carisma.

Colores: oro, naranja, amarillo, rojo intenso, colores luminosos, colores regios.

Cristales: ojo de tigre, diamante, circón, ónix, turmalina, ámbar, cornalina, topacio amarillo, madera petrificada, rodocrosita, oro.

Virgo (24 de agosto-22 septiembre)

Conceptos: sentido práctico, meticulosidad, buenas destrezas.

Colores: gris, marino, lunares, verde amarillento, violeta, azul, verde, marrón, amarillo.

Cristales: cornalina, zafiro, jaspe, jade, ágata, turmalina sandía, amazonita, perido-to, ágata musgo, geoda, cinabrio, mercurio.

Libra (23 de septiembre-23 de octubre)

Conceptos: organización, negociaciones y mediación, buen gusto.

Colores: rosado, azul, rosa, sombras pastel, verde, amarillo, carmesí, blanco.

Cristales: aventurina, lapislázuli, crisoprasa, turmalina verde, lepidolita, ametrino, apofilita, piedra de sangre, citrino, cianita, nefrita, ópalo, ópalo de fuego, ópalo blanco, cobre.

Escorpión (24 de octubre-22 noviembre)

Conceptos: mal humor, intensidad y profundidad, secretismo, capacidad curativa.

Colores: azul verdoso, rojo vino, marrón, negro, púrpuras.

Cristales: citrino, berilo, cuarzo turmalinado, moldavita, labradorita, malaquita, feldespato, hierro, plutonio.

Sagitario (23 de noviembre-21 de diciembre)

Conceptos: persona que vale para todo, humor, viaje.

Colores: púrpura, azul, amarillo, rojo, oro, rojos anaranjados, colores luminosos.

Cristales: sodalita, amatista, topacio, zafiro, lapislázuli, sugilita, azurita, clorita, diamante Herkimer, labradorita, ópalo de fuego, peridoto, turquesa, estaño.

Capricornio (22 de diciembre-20 de enero)

Conceptos: gratificación aplazada, ascensión constante, seriedad.

Colores: negro, sombras oscuras, violeta azulado, añil, gris, marrones, colores profundos.

Cristales: obsidiana, granate, diamante, ojo de tigre, malaquita, fluorita, turmalina negra, turmalina verde, cuarzo grisáceo, trilobites, plomo.

Acuario (21 de enero-19 de febrero)

Conceptos: enfoque inusual de la vida, alguien que vive en su propio mundo, maestros.

Colores: azul eléctrico, lila, violeta, añil, azur, multicolor, fosforito, matices inusuales.

Cristales: amatista, cuarzo claro, granate, aguamarina, hematita, ámbar, plomo.

Piscis (20 de febrero-20 de marzo)

Conceptos: maestría artística, falta de sentido práctico, variabilidad, videncia.

Colores: verde mar, violeta rojo, azul, verde, blanco, pasteles.

Cristales: cuarzo claro, piedra sangre, sugilita, iolita, amatista, ópalo, coral, ágata de cinta azul, ópalo de fuego, estaño.

17

Teoría del color

Este capítulo va dirigido a quienes quieran entender el color desde una perspectiva científica.

La luz es vida. Toda la vida en nuestro planeta se nutre y mantiene mediante la luz que absorbe, necesaria para existir. Desde una perspectiva espiritual, el sol representa a Dios o la fuente de vida. Desde un punto de vista científico, la luz es energía electromagnética producida por el sol. Estas ondas son vibraciones de campos eléctricos y magnéticos que atraviesan el espacio. La luz viaja en la oscuridad, pero es imperceptible hasta que rebota en algo. Por este motivo el espacio se ve oscuro hasta que la presencia de un objeto refleja esa luz. Todo lo que vemos es luz reflejada. Cuando las ondas lumínicas rebotan en objetos y alcanzan nuestros ojos, crean una sensación de luz que el cerebro percibe como una frecuencia específica o lo que denominamos color. Así, una frecuencia alta se percibe como azul y una baja como roja.

La correspondiente estructura molecular y subsiguiente color de un objeto son la razón por la que los rayos de luz se mezclan, se absorben y se reflejan a velocidades e intensidades variables. Los objetos que percibimos oscuros absorben más rayos y por lo tanto reflejan menos luz, y al llegar a nuestros ojos se creará una ilusión de color oscuro. A la inversa, los objetos más claros reflejan más luz, creando la ilusión de más luminosidad e intensidad. Por ejemplo, cuando la luz alcanza una superficie roja, esta absorbe todos los demás rayos y refleja las ondas rojas. Así es como vemos que el objeto es rojo.

¿Qué es el color?

El color es una propiedad de la luz. La luz viaja en ondas, ondas electromagnéticas. Estas ondas son vibraciones de campos eléctricos y magnéticos que atraviesan el espacio. En física, el espectro visible tiene tres colores primarios que son el rojo, el verde y el azul. Desde el punto de vista químico, el color se deriva de pigmentos y compuestos, y los tres colores primarios en este entorno son el rojo, el amarillo y el azul. De la combinación de dos de estos colores surge lo que llamamos color secundario.

El color es sencillamente luz de diferente frecuencia y longitud de onda. La luz no es más que una forma de energía, compuesta de fotones. El espectro visible tal y como lo vemos se compone del arco iris.

Nuestras retinas tienen tres tipos de receptores de color en forma de conos. Podemos detectar solo tres de los colores del espectro: el rojo, el azul y el verde. Estos colores se llaman primarios aditivos y se combinan para crear todos los demás colores que vemos. Los siete colores del espectro tienen sus frecuencias y longitudes de onda variables. El rojo se encuentra en la parte inferior del espectro y cuenta con una longitud de onda más alta que la del violeta, aunque su frecuencia sea más baja, al encontrarse el violeta en lo alto del espectro. El violeta tiene una longitud de onda inferior y una frecuencia superior. Justo fuera del espectro visible normalmente se hallan el infrarrojo y el ultravioleta, aunque algunas personas también pueden ver estas longitudes de onda al menos parcialmente.

Los siete colores del arco iris se hacen visibles cuando un prisma se interpone en el recorrido de la luz solar. Mientras la luz atraviesa el prisma, se divide por refracción en los siete colores visibles del espectro. La cantidad de energía en una onda lumínica dada está proporcionalmente relacionada con su frecuencia; por consiguiente, una onda de frecuencia alta tiene una energía superior a una de frecuencia baja. La refracción la provoca la variación de velocidad experimentada por una onda de luz al cambiar de medio. Los colores con una frecuencia elevada son el violeta, el añil y el azul. Los colores con una frecuencia inferior son el amarillo, el naranja y el rojo.

Sir Isaac Newton demostró que la luz se componía de los siete colores del espectro. Este espectro lumínico puede recrearse en el hogar utilizando tres linternas mediante un proceso que se llama adición de color.

Pon delante de una de las linternas un filtro lumínico azul; pon en la segunda uno verde y en la tercera un filtro rojo. Enfoca las linternas sobre una pared o superficie blanca. El efecto logra mejores resultados en una estancia muy oscura con una pared blanca. Dispón las luces de manera que los rayos de luz se solapen entre sí. Como resultado, la zona donde los tres rayos se cruzan es blanca. Allí donde los colores se solapan aparecen los colores magenta, cian (un turquesa claro o azul verdoso huevo de pato) y amarillo.

Las combinaciones de otros colores —azul con amarillo o rojo con cian— también pueden producir luz blanca. Juntar los tres rayos de luz crea simplemente luz blanca.

El color de la superficie sobre la que diriges las luces influye mucho en los colores que se producen o no. Una pared blanca mostrará los colores como en el diagrama cromático, pero una pared amarilla, roja o azul producirá resultados muy diferentes.

- Una pared *roja* absorberá la luz verde y azul, y emitirá luz roja.

- Una pared *verde* absorberá la luz roja y azul, y emitirá luz verde.

- Una pared *azul* absorberá la luz roja y verde, y emitirá luz azul.

Propiedades físicas del color

Cada color del espectro cuenta con sus propias propiedades en forma de longitud de onda y frecuencia. Aunque podría decirse que el blanco es un color, no se incluye en el espectro ya que se compone en realidad de todos los colores del mismo. Sir Isaac Newton lo demostró pasando la luz del sol a través de un prisma de vidrio que produjo el espectro del arco iris sobre una superficie. A continuación utilizó un segundo prisma y combinó ambos arcos iris. Esta combinación produjo luz blanca.

Propiedades del color

Color	Longitud de onda en nanómetros	Frecuencia en THz	Chakra relacionado
Violeta	380-400	750	Corona
Añil	400-450	700	Frente
Azul	450-595	600	Garganta
Verde	495-578	550	Corazón
Amarillo	570-590	500	Plexo solar
Naranja	590-620	480	Sacro
Rojo	620-770	430	Raíz

Cómo vemos el color

Nuestros ojos contienen receptores sensibles a la luz llamados bastoncillos y conos. En el ojo humano hay unos ciento treinta millones de bastoncillos y entre seis y siete millones de conos. Los bastoncillos son mil veces más sensibles que los conos, incluso más, pero no son sensibles al color, percibiendo imágenes en negro, blanco y matices diversos de gris. Los bastoncillos responden mejor al azul pero peor al rojo. Cada cono contiene un pigmento, que puede ser sensible bien al rojo, al verde o al azul.

La gente que padece daltonismo cuenta con una menor cantidad de conos de cierto tipo, y por consiguiente confunde algunos colores. Si perdemos la vista por completo, el cuerpo se adapta y recibe rayos de color a través de la piel. Una persona que ha perdido la vista tarda en adaptarse a este proceso, ya que deberá percibir la diferencia energética en los colores más que «verlos».

Todo lo que vemos es luz reflejada. Cuando las ondas lumínicas rebotan en objetos y alcanzan nuestros ojos, crean una sensación de luz que el cerebro percibe como una frecuencia específica o lo que denominamos color. Así, por ejemplo, una frecuencia alta se percibe como azul y una baja como roja. La correspondiente estructura molecular y subsiguiente color de un objeto son la razón por la que los rayos de luz se mezclan, se absorben y se reflejan a velocidades e intensidades variables. Los objetos que percibimos oscuros absorben más rayos y por lo tanto reflejan menos luz, y al llegar a nuestros ojos se creará una ilusión de color oscuro. A la inversa, los objetos más claros reflejan más luz, creando la ilusión de más luminosidad e intensidad.

Colores primarios, secundarios y terciarios

Colores primarios

Los colores primarios no pueden producirse mediante la mezcla de otros colores. Hay tres tipos de colores primarios:

- **Primarios aditivos:** Rojo, azul y verde.

- **Primarios substractivos:** Rojo, azul y amarillo.

- **Colores de impresión:** Cian, magenta y amarillo (más negro).

Los colores aditivos los producen fuentes radiantes como el sol. Cuando los tres primarios aditivos se mezclan, crean el blanco. Estos colores son los que, por ejemplo, ves en tu ordenador, que se generan mediante luz. Cada primario aditivo representa casi un tercio del espectro; por consiguiente, cuando se le añade otro color primario, la proporción del espectro se incrementa. Al sumarse los tres primarios, está presente casi todo el espectro en forma de luz blanca. Mezclar estos primarios en cantidades variables puede ofrecernos una sección considerable del espectro visible. Se emplean en iluminación teatral, en videos, cámaras de cine, en pantallas de televisión y monitores de ordenadores.

Los colores primarios sustractivos producen pigmentos que están relacionados con los tonos que vemos en los objetos físicos. Se llaman sustractivos porque el color que vemos depende de las frecuencias de luz blanca que absorbe un objeto y de las frecuencias que refleja.

Los colores de impresión son los que se usan en procesos de imprenta y en impresoras de chorro de tinta. Estos colores son básicamente primarios sustractivos ya que son pigmentos físicos. La adición de negro permite una gran gama de tonos.

Colores secundarios

Los colores secundarios se producen al mezclar cualquiera de los dos de los colores primarios.

Los *primarios aditivos* crean secundarios del siguiente modo:

Rojo + Azul = Magenta.

Azul + Verde = Cian.

Verde + Rojo = Amarillo.

Los *primarios sustractivos* crean colores secundarios:

Rojo + Azul = Violeta.

Azul + Amarillo = Verde.

Amarillo + Rojo = Naranja.

Los *primarios de impresión* crean colores secundarios de este modo:

Cian + Magenta = Azul.

Magenta + Amarillo = Rojo.

Amarillo + Cian = Verde.

Colores terciarios

Los colores terciarios son el resultado de cualquier mezcla de dos colores secundarios. Las combinaciones se clasifican en dos categorías:

Colores complementarios, ubicados unos frente a otros en el círculo cromático.

Colores análogos, ubicados unos junto a otros en el círculo cromático.

También los rayos lumínicos situados más allá del espectro visible tienen su utilidad. Las lámparas infrarrojas mantienen la comida caliente y pueden propiciar la sanación de músculos dañados. Por otro lado, la exposición a luz ultravioleta ayuda a curar la ictericia y la psoriasis.

Como hemos visto, el color es energía, ya que es luz de longitud de onda variable. La luz es fundamental para la vida, tanto humana como animal o vegetal. La luz tiene un profundo efecto sobre nuestro cerebro ya que influye en la actividad de la glándula pineal, que al parecer es una fuerza reguladora de la liberación de varios neurotransmisores, enviando tanto mensajes al interior del cerebro como mensajes que facilitan la producción de ciertas hormonas.

La luz no forma parte únicamente del espectro electromagnético; constituye una parte importante del espectro universal de vibraciones o frecuencias, cuyo extremo inferior incluye el sonido. Si tomamos la frecuencia de una nota musical específica y la doblamos suficientes veces, finalmente alcanzaremos el espectro lumínico. La única diferencia entre los siete colores del espectro lumínico y las siete notas del espectro sónico es la velocidad de vibración. Esto también es pertinente respecto a los siete chakras de energía. Parece que el cuerpo humano es en sí mismo una manifestación del acorde armónico universal.

El diagrama en forma de pirámide es otra manera de ver el espectro cromático que nos muestra los siete colores del arco iris según su orden de frecuencia.

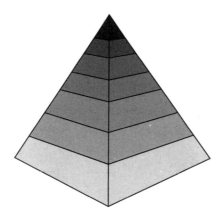

Diagrama en forma de pirámide

Círculos cromáticos

El uso de círculos cromáticos permite mostrar fácilmente las relaciones entre los diferentes colores. Presento aquí dos diagramas, uno para los colores aditivos y otro para los substractivos. Como he manifestado antes, siempre es importante tener en cuenta el tipo de diagrama que estás utilizando para evitar confusiones en cuanto a la relación entre colores primarios, secundarios o terciarios.

Círculo cromático y mezcla de colores

Cuando pensamos en los colores primarios (**1**) de inmediato visualizamos colores brillantes y saturados como el rojo coche de bomberos, el naranja calabaza, el amarillo girasol, el verde esmeralda y así sucesivamente. Esto se cumple con todos los colores brillantes o saturados a partir de los cuales se forman todos los tonos. Sin embargo, los colores primarios son los tres que no pueden obtenerse a partir de mezclas de otras fuentes cromáticas. Desde el punto de vista de la física, hablamos del rojo, el amarillo y el azul.

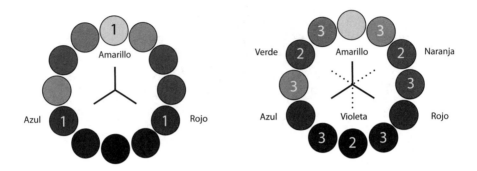

Al mezclar dos colores primarios, obtenemos lo que denominamos colores secundarios (**2**): naranja (rojo más amarillo), verde (amarillo más azul) y violeta (rojo más azul). Los colores terciarios (**3**) son el resultado de la combinación de los colores secundarios.

- Verde + Púrpura = Oliva.

- Naranja + Púrpura = Rojizo.

- Verde + naranja = Citrino.

También podemos calificar los colores como cálidos o fríos según los efectos físicos y psicológicos que ejercen sobre nosotros. Los cálidos son los rojos, naranjas y amarillos, cuyo efecto estimulante activa nuestro sistema. Los colores fríos son los azules, verdes y violetas; producen un efecto calmante y casi anestésico.

Los colores opuestos y complementarios se equilibran entre sí. Es algo que se experimenta físicamente. Si te quedas observando una superficie roja durante un minuto y a continuación desplazas la mirada a una superficie blanca, verás una postimagen de tono verde pálido. Nuestros ojos deben completar físicamente todo el espectro después de una exposición intensa a la luz. Es el motivo por el cual, tras quedarnos deslumbrados momentáneamente por una bombilla, la postimagen pasa del blanco al negro y luego del extremo frío del espectro al cálido, antes de desvanecerse por completo. Estos principios se emplean en las técnicas de curación con colores.

Agradecimientos

Quisiera agradecerle a mi esposo, Douglas, su paciencia y apoyo incondicional, así como sus aportaciones acerca de la Cábala y los siete rayos, temas tratados en el capítulo 16, «El color y la dimensión esotérica». Rindo homenaje a algunos de los muchos maestros que a lo largo del camino han contribuido a que pudiera escribir este libro. Entre ellos destaco al Dr. Robert Massey y a Christopher Hills de University of the Trees, a Marilyn Rossner de Spiritual Science Fellowship, Swami Vishnu Devananda, Swami Rudi, y a Gerry y Nancy Hillman. Mi más sincero agradecimiento también a la pericia de Cindy Hurn, que me ha ayudado en mis dificultades con la escritura, así como a todos mis amigos y colegas cuya confianza y apoyo me han animado durante este proceso.

ECOSISTEMA DIGITAL